薪火相传
中国共产党干部教育
文献研究

赵婧文　宫怡君／编著

中央党校出版集团
国家行政学院出版社
NATIONAL ACADEMY OF GOVERNANCE PRESS
·北 京·

图书在版编目（CIP）数据

薪火相传：中国共产党干部教育文献研究 / 赵婧文，
宫怡君编著 . -- 北京：国家行政学院出版社，2025. 4.
ISBN 978-7-5150-3031-9

I. D262.3

中国国家版本馆 CIP 数据核字第 202580PU46 号

书　　名	薪火相传：中国共产党干部教育文献研究	
	XINHUO XIANGCHUAN: ZHONGGUOGONGCHANDANG	
	GANBU JIAOYU WENXIAN YANJIU	
作　　者	赵婧文　宫怡君　编著	
责任编辑	王　莹　田玫瑰	
责任校对	许海利	
责任印制	吴　霞	
出版发行	国家行政学院出版社	
	（北京市海淀区长春桥路 6 号　　100089）	
综 合 办	（010）68928887	
发 行 部	（010）68928866	
经　　销	新华书店	
印　　刷	中煤（北京）印务有限公司	
版　　次	2025 年 4 月北京第 1 版	
印　　次	2025 年 4 月北京第 1 次印刷	
开　　本	170 毫米 ×240 毫米　16 开	
印　　张	14.5	
字　　数	177 千字	
定　　价	56.00 元	

本书如有印装质量问题，可随时调换，联系电话：（010）68929022

序

岁月不居，时节如流，转眼中国共产党已走过一个多世纪。中国共产党自建党以来就非常重视干部教育培训工作，建立起自中央到基层的完备的干部教育培训体系。

百年来，哪里有党的工作，哪里就有干部教育培训。干部教育文献是干部教育实践活动中产生的文献，是记录中国共产党干部教育知识和信息的一切载体。这些文献承载着党在不同历史时期培养骨干力量的智慧结晶。它们既有中央政策的宏观设计，也有基层实践的生动细节；既有理论创新的文本呈现，也有教育成效的客观反馈。这种"顶层设计"与"基层探索"的互动，构成了干部教育文献的核心价值。

习近平总书记指出："历史是一面镜子，鉴古知今，学史明智。重视历史、研究历史、借鉴历史是中华民族5000多年文明史的一个优良传统。"党的历史上留下了品类丰富、时间跨度很长的干部教育文献，它们积淀深厚、价值重大，承载着各时期的治党经验，是传承红色基因、启示未来的"活教材"，弥足珍贵，却长期散见于政策文件、会议记录、教学讲义及工作手记之中，需系统梳理。因此，基于传承理论、服务现实教育的需求，系统学习和了解党的干部教育史就显得很重要。

文献整理是图书馆人的看家本领，更是红色精神传承的关键枢纽。赵婧文、宫怡君两位图书馆年轻同志正是基于此，选定研究这一富有历史与现实意义的选题。她们怀着对干部教育事业深深的热爱，利用图书馆专业擅长将碎片化文献转化为有序知识体系的能力优势，挖掘整理党的干部教育文献，以传承党自成立以来就非常重视干部教育的优良传统，弘扬党的干部教育理论创新。

捧读这部凝聚着两位年轻同志心血的关于党的干部教育文献整理研究之作，心中满是感慨与欣慰。我从始至终都在关注这本书，在她们写作过程中，关于怎么确定书名、提纲的梳理和确立，我都给出了自己的意见，也参与了部分内容的整理。今天她们整理研究的成果要以《薪火相传——中国共产党干部教育文献研究》出版成书了，尽管我能力有限，对党的干部教育历史的理解还不够深刻，但看到她们的付出，十分理解这项工作的意义。我怀着崇敬与感激之情读了一遍书稿。我被她们求真执着的精神所感动，为两位年轻同志的努力点赞。

干部教育文献整理是一项艰苦却意义非凡的工作，严谨的文献整理工作，本质上是在为党的创新理论寻根铸魂。她们以图书馆人特有的"文献敏感"，从尘封的档案卷宗里梳理出干部教育发展的完整链条。她们克服文献整理中文献载体多样、时间跨度长、筛选标准难确定等困难，在浩如烟海的文献中逐字逐句研读、分析，不放过任何一个细节。有时为了核对一个文献的出处或者发表时间查阅大量资料，但这种基础工作是值得的，图书馆界需要这样的人来做这样的工作。

本书以时间为经、以主题为纬，系统梳理了1921年至今140余份重要文献，收录了我党首次系统阐释干部培养理念的文献《中国共产党第一个决议》及《中共中央关于在职干部教育的决定》《关于创办马列学院的决定》《培养少数民族干部试行方案》等标志性文件。例如，书中对1942年《中共中央关于在职干部教育的决定》的解析，还原了文件出台的历史背景，揭示了"理论联系实际"原则如何在具体实践中生根。这种兼具宏观视野与微观深度的研究，让文献从故纸堆中"活"

了过来。

总的来说，这本中等篇幅的专著，能够运用马克思主义唯物论和辩证法，采取历史主义态度，将党的干部教育文献放在当时的历史条件下加以分析和评价，分析不同历史时期的干部教育文献产生、发展的历史背景和发展脉络；梳理、分析各个不同历史阶段干部教育文献载体类型，全面展示了文献全貌及文献传播与利用的发展过程。呈现在面前的这本书，不仅是一本资料汇编，更是对党的干部教育历史的一次全面梳理和深度挖掘，并彰显了一定的学术价值。

首先，在书稿开篇便以严谨的学术态度界定了"什么是干部教育文献"这一概念。作者指出，干部教育文献的特殊性在于其"双重身份"：既是党的理论建设的成果，又是干部教育实践的脚本；既有一般文献具有的社会性、历史性、时代性，更具有较为突出的政治属性、革命属性及现实属性。同时作者还以严谨的学术态度界定了研究范畴：干部教育文献既包括制度性文件，也涵盖教学实践记录。通过梳理新民主主义革命时期至新时代的140余份文献，揭示了一个深刻规律——党的干部教育始终与时代任务同频共振。

其次，在方法论上也尝试做一些创新，比如摒弃传统文献整理中简单堆砌资料的模式，从干部教育文献的特性出发，提出适用于干部教育领域的独特思路，推动文献整理方法论向专业化、精细化发展，为文献整理研究开辟新方向；比如尝试在干部教育文献整理的标准化流程上进行探讨，归纳出干部教育文献整理的"文献搜集—文献整理—文献汇编"标准化流程，明确各阶段核心任务与操作要点，使文献整理工作更具系统性和可操作性。

回顾党的干部教育历史，梳理干部教育文献很有意义、很有价值。本书条理清晰、资料丰富、史料价值很高，比较全面地反映了一个世纪以来党的干部教育的历史及取得的辉煌成绩。作者系统梳理了党的干部教育文献的"成长史"，面向第二个百年奋斗目标，站在新的历史起点，这部著作的出版恰逢其时。

《薪火相传——中国共产党干部教育文献研究》的出版，标志着干部教育文献研究迈出新步伐。它启示我们：守护历史文献，不仅是为过去存档，更是为未来筑基。它为党史研究提供了珍贵的资料，让后人能够更加直观、全面地了解党的干部教育发展历程。同时，也为当下的干部教育工作提供了丰富的历史借鉴。

薪火不熄，传承不止。值此付梓之际，期待更多理论研究者和实践工作者能从这份"薪火相传"的研究中汲取智慧，共同谱写新时代干部教育事业的新篇章。

马秀霞

2025 年 3 月

目录
CONTENTS

第七章
中国特色社会主义新时代中国共产党干部教育文献

绪　论

一、干部教育文献整理与研究的对象、内容

干部教育，从党的建设角度来看，既是组织建设的一个重要组成部分，也是思想建设的一个重要组成部分；从培训与使用相结合的角度来看，又是干部工作的一个重要组成部分。因此，干部教育是与组织工作、干部工作紧密相连、不可分割的。中国共产党历来重视干部教育，始终坚持把它作为保证党的事业顺利发展的一项重要工作来抓。中国共产党开展干部教育可追溯至建党初期，百年来，一直将干部教育放在非常重要的位置。无论是思想学习、理论学习，还是学历培训、岗位职务培训等方面，都进行了大量卓有成效的工作，使数以千万计的干部在理论素养、政治素质及科学文化和专业技能方面得到了提高，造就了社会主义革命和建设、改革开放和社会主义现代化建设、中国特色社会主义新时代需要的各类人才。

干部教育文献整理与研究旨在整理汇编记录党的干部教育实践活动所产生的文献，考察干部教育文献作为一种重要载体在不同历史阶段的构成、性质、类型等问题，主要包括研究干部教育文献的搜集、整理、汇编等研究方法，梳理干部教育文献产生、发展的活动过程及发挥的作用，从而指导党的干部教育文献的生产、加工、研究、利用，使干部教育文献更好地服务干党的干部教育事业，更好地为中国共产

党的理论与实践研究、学科建设服务。

1.干部教育文献及其研究。要对干部教育文献进行整理与研究，首先需要对干部教育文献有一个深入的了解，具体包括什么是干部教育文献，干部教育文献的性质是什么、结构如何、有哪些特点、分为哪些类型，干部教育文献的价值和功能是什么，等等。干部教育文献整理与研究应着眼干部教育文献与党的文献、与党史史料的关系如何，干部教育文献有哪些组成部分，如何搜集干部教育文献，如何整理干部教育文献，干部教育文献汇编的方法，等等。

2.干部教育文献的发展脉络研究。主要研究内容包括：干部教育文献直接载体的类型、特点，间接载体的类型、特点；干部教育文献各类载体的功能及相互关系；梳理各个不同历史阶段干部教育文献载体类型、文本内容等；干部教育文献载体与党的历史文献载体、一般文献载体的比较研究，等等。

3.干部教育文献产生、累积、发展过程的研究。主要研究内容包括：通过搜集与整理，厘清干部教育文献认识的发展与以干部教育文献为载体进行的干部教育活动的发展；梳理干部教育文献的分类；全面展示干部教育文献传播与利用的发展过程；通过对庞大繁多的干部教育文献进行深入细致的研究，汇编干部教育文献概览。

4.干部教育文献研究的方法论。主要研究内容包括：辩证唯物主义、历史唯物主义与干部教育文献研究，计量方法、统计方法与干部教育文献研究，比较方法与干部教育文献研究，中共党史文献学与干部教育文献研究，等等。

除以上内容，干部教育文献整理与研究还对具体的干部教育文献，如不同时期中国共产党领导人关于干部教育的经典论述所形成的文献，也进行了梳理，整理与研究这些具体文献的价值、产生和积累过程、运用情况等。

二、干部教育文献整理与研究的目的、任务

梳理干部教育文献的主要内容，全面展示干部教育文献的一般体系和文献全貌，有助于人们对干部教育文献有较为全面、准确的认识，充分重视干部教育文献，从而使干部教育文献工作发挥积极作用，更好地为党的干部教育事业服务，更好地为干部教育学科建设、为党的理论研究服务。

文献整理研究是历史研究的出发点与客观依据，整理与研究干部教育文献，可以从一个侧面展现党的理论传播的历程，展示接受党的思想教育的转变过程，探索在大历史观视野下经典文献的精神内涵，再现党的路线、方针、政策对中国共产党人初心及对中国社会发展所起到的重要指导作用。

三、干部教育文献整理与研究的方法

干部教育文献的研究方法，与一般文献学研究方法、历史文献的研究方法基本一致。

1.辩证唯物主义、历史唯物主义的方法论，是干部教育文献研究的重要分析方法。辩证唯物主义、历史唯物主义对人类社会的发展、人

类社会发展中的主要现象作了科学的阐释，只有运用辩证唯物主义、历史唯物主义的方法，才能使我们的研究建立在科学的基础上。干部教育文献研究，离不开对历史时期、社会发展的分析，要正确考察干部教育文献所产生的历史阶段、干部教育文献的作用、如何发挥干部教育文献的作用、如何转化干部教育成果等这些重大理论问题，就必须运用辩证唯物主义、历史唯物主义的研究方法进行分析、研究，这样才能得出正确结论。

具体来说，要从客观存在出发，详尽地占有客观对象的资料，而不是从先验的理论出发、从主观意愿出发、从一成不变的模式出发，这是历史唯物主义的基本要求。同时，研究方法是不断发展、不断创新的，不断吸收新的科学的方法对干部教育文献研究也具有实践意义。

2.马克思主义的政党理论及其研究方法是干部教育文献研究的重要基础。干部教育文献是党的文献的重要组成部分，干部教育文献的政治属性决定了要运用马克思主义政党的理论、方法来研究，而且要使这种研究建立在科学的基础上，就必须通过马克思主义的政党理论、方法来进行研究。中国共产党的干部教育是如何产生的、中国共产党为什么重视干部教育、中国共产党如何培养干部、怎样看待干部教育文献、怎样进行干部教育等，这些问题在研究干部教育文献中是至关重要的。

3.文献学研究方法是干部教育文献研究的基础方法。通过文献学研究方法，如版本学研究方法、目录学研究方法，可以提供借鉴、完善的参考规范。比如，在收集到的干部教育相关著作、报刊文献、政策文件等文献资料的整理过程中，对不同文献的原始文本、文本译本、文本多种版本等进行分析时，就要用到版本学研究法、校勘学方法等，这样才能得出科学的结论。

第一章

干部教育文献概述

一、干部教育文献的概念、性质与类型

（一）干部教育文献的概念

干部教育文献是党的文献的一部分，它记录了中国共产党领导中国革命、改革和建设的实践过程和重大理论成果。什么是干部教育文献？按照当代文献的概念，干部教育文献的定义是，记录有中国共产党干部教育知识和信息的一切载体。也就是说，干部教育文献不仅局限于书面资料，以及手写型、印刷型的文献，还包括缩微型文献、电子文献、音视频文献等。例如党的领导人的讲话录音，党的会议、事件的实况录像、纪录影片及电影等以干部教育为主题的资料。

干部教育文献具有广泛内涵。一般来说，干部教育文献是随着党的文献发展孕育而生的。由于党的历史还在发展，党的文献还在源源不断地产生，干部教育文献无疑也在持续产生和积累。

纵向来看，中国共产党虽然是1921年7月宣告成立的，但党的筹备组织——共产主义小组早在1920年便已成立，而且其酝酿还更早一些。所以记载中国共产党干部教育知识和信息的文献，也于1920年就已产生。中国共产党的阶级基础是中国工人阶级，是中国工人运动发展，中国工人阶级登上历史舞台。随着马克思主义在中国的广泛传播，并成为中国共产党诞生的思想基础，与之相关的知识和信息的文献应运而生，其时间甚至可以追溯至1919年。如果说中国共产党诞生的主观条件、组织上的基础是中国马克思主义知识分子的产生，而这些知识分子转变成马克思主义者有一个过程，那么记录这些知识分子世界观转变过程的文献，也属于干部教育文献的组成部分。

横向来看，中国共产党干部教育的实践活动涉及方方面面，那么记录中国共产党干部教育实践活动信息、知识的文献也就涉及方方面面。建党初期，干部教育与工农运动紧密结合，以李大钊、陈独秀、毛泽东等为代表的一批先进知识分子开始学习和传播马克思主义。从1937年1月至1945年8月，全国各抗日根据地和敌后解放区先后成立48所干部学校，延安时期，数以万计的干部接受教育培训，成为民族解放的中坚力量。中华人民共和国成立之后，中央采取了一系列措施，开展了空前规模的干部教育工作，由此干部教育成为党的日常工作的组成部分。而记录这些活动、工作的文献，都是干部教育文献。可以说，新中国成立以后的干部教育文献，已基本覆盖党的文献包含的内容、涉及面。干部教育与中国共产党相伴而生，干部教育史就是中国共产党的历史的组成部分，因而干部教育文献数量很多、内容非常丰富。

干部教育文献，绝不只是党的一些文献。党的文献、红色文献等文献类型中的"干部教育文献"，基本上只是党的一些文件、党的领导人的一些论著。并且，这些文献只局限于在党的干部教育历史过程中起到引导作用的、影响特别大的文献，而非普通的归档档案，比如关于地方干部教育工作某一次日常会议记录的存档文献。这里所说的"文献"与文献学中"文献"的含义，在内容和层次上都是有区别的。干部教育文献所研究的是记录包含党的干部教育知识、信息的所有文献，因此数量是很多的。

干部教育文献虽然涉及面很广，但也只是党的文献的一部分对象和资料，并不是全部内容，是干部教育研究的对象——干部教育史资料的一部分。干部教育史资料主要有四种类型：一是文字资料。包括手写型和印刷型两种文献载体。这种文字资料主要以纸本为载体。二是实物资料。涉及遗址、遗迹、各种器物等。这部分资料，由于干部教育还在发生、发展，数量通过累积而不断增加。三是视听型资料。由于资料载体的形式在不同时期存在较大差异，因此从时间维度来界定，不仅包括照片、录音带、唱片、纪录电影等形式，还包括音频、视频等多种现代技术载体形式。四是口碑型资料。这部分资料，由于干部教育工作还在发生、发展，当事人、目击者、耳闻者或口述者形成的资料，与一般党史资料相比，数量会更多一些。在以上四种类型的资料中，文字资料、视听型资料是干部教育文献的组成部分，实物资料、口碑型资料则不是干部教育文献的组成部分。但干部教育史中的实物资料，如遗址、遗迹、器物等，通过拍摄等技术处理形成的照片、影音、录像等则是干部教育文献中的视听型资料。也就是说，干部教育史资料中的实物资料、口碑型资料，它们在存在的同时，有不少也可以转化为干部教育文献。可以看出，干部教育文献在干部教育史资料中占有一定比例，是干部教育史资料中极其重要的一部分。

（二）干部教育文献的性质

干部教育文献的性质，一般而言，与其他文献性质是相同的，但在某些方面则有其特殊性。从一般文献的角度来看，干部教育文献是人类生产实践、社会实践、科学实践的产物，是人的劳动创造，是社会物质文明与精神文明的凝结、物化。社会性、历史性、时代性较强，在这些方面干部教育文献与一般文献是相同的。从历史文献的角度来看，干部教育文献与历史文献一样，也具有较强的政治性、阶级性。

更进一步地，在党的历史文献中，干部教育文献具有革命性、现实性等属性。干部教育文献是中国共产党建立的从中央到地方专门教育干部的产物，是现实教育、现实历史的产物。这就决定了干部教育文献具有较为突出的政治属性、革命属性、现实属性。

1.政治属性

中国共产党是马克思主义政党，始终坚持马克思列宁主义的基本原理，立足中国具体实际，通过自身干部教育实践，坚持不懈地学习进步，保持自身的先进性和纯洁性，成为坚强有力的马克思主义执政党，成为中国特色社会主义伟大事业的坚强领导力量。这决定了中国共产党的干部教育文献具有政治属性。历史文献的政治属性相较于其他文献更为突出，但历史文献中也有一部分文献是无政治属性的，而所有干部教育文献都具有政治属性。

中国共产党的历史也是中国共产党培养造就一批又一批领导骨干和优秀人才的历史。新民主主义革命时期所开展的教育培训活动，为反帝反封建斗争作出了贡献，为延安时期干部教育的成熟和发展奠定了基础，逐步形成了较为正规、系统的政治理论教育和业务知识技能教育，培养了大量治军治国建设人才。社会主义革命和建设时期，干部教育实践成为中国共产党发挥政治优势的重要依靠力量，为全国形成统一的理论教育制度奠定了基础，为干部理论素养和文化水平提高作出了贡献。改革开放和社会主义现代化建设新时期，干部教育稳步发展，全国范围内广泛开展的干部学历教育、提高专业能力培训等工作，为顺利实现党和国家工作中心的转移、推动解放思想和开拓创新、推进改革开放和社会主义现代化建设提供了重要保证。因此，这三个时期的中国共产党干部教育文献具有政治属性。

中国共产党的干部教育实践，是坚持把马克思主义基本原理同中国具体实际相结合、同中华优秀传统文化相结合的结果。党的十八大以来，中国特色社会主义进入新时代，干部教育深入贯彻习近平新时代中国特色社会主义思想，认真落实党中央一系列决策部署，以培养造就"好干部"为主题，以服务党和国家工作大局为主线，以坚定理想信念为首要任务，着力加强干部理论武装、党性教育和专业化能力培训，大力弘扬马克思主义优良学风，干部队伍素质能力不断提升。以上这些实践表明，中国特色社会主义新时代的干部教育文献具有政治属性。

因此，在各个历史发展阶段，中国共产党干部教育文献都具有鲜明的政治属性。

2.革命属性

干部教育文献是中国共产党办教育的产物，是中国共产党历史文献的组成部分，中国革命历程是党的历史的重要组成部分，这决定了干部教育文献具有革命属性。中国共产党是革命的政党，中国共产党走过的历程是革命的历程，建立从中央到地方的专门干部教育，是中国共产党的政治优势和优良传统。因而，干部教育文献的革命性，比一般的教育类文献更强。

干部教育发展历程中的杰出人物，也是中国共产党历史中的杰出人物。记录干部教育史中的历史人物活动的干部教育文献，比记录其他历史人物活动的历史类文献更具革命属性。比如在新民主主义革命时期，以毛泽东同志为代表的中国共产党人，创办了国防大学的前身——工农革命军军官教导队，对党员、干部进行军事培训，加强政治、文化教育。记录这些中国历史上伟人革命家的历史活动的文献，具有突出的革命属性。

中国共产党干部教育文献记录了中国共产党人的革命精神、革命历程、革命事迹，可以面向广大党员、人民群众、青少年进行革命精神教育，从而帮助其坚定理想信念、加强党性修养。建党初期和大革命时期，毛泽东同志在湖南长沙创办了湖南自修大学，传播马克思主义，培养革命干部。土地革命战争时期，中央根据地于1933年3月创办马克思共产主义学校，主要培养党、政、工会的干部。全面抗战时期，延安及其周围地区创办的干部院校培养了数以万计的干部等。总之，中国共产党干部教育文献为中国革命和建设服务，在中国革命和建设中发挥革命性作用。因为干部教育文献在不同时期都具有革命属性，所以也具有历史价值，成为中国共产党历史上极为宝贵的精神财富和物质财富。

3.现实属性

干部教育史是中国共产党的历史的重要组成部分，也是中国现代史、中国当代史的重要组成部分，因此本身就是现实史。干部教育作为党的一项具象的工作，必然随着党的事业的发展与时俱进。比如，党所处的历史方位在不断发展变化，干部教育所处的时代环境、国际环境、干部队伍的思想动态都发生了很大变化，干部教育培训工作必须主动适应这些变化。这决定了干部教育文献是贴近现实的历史文献。

干部教育文献记录了干部教育发展历程中重要历史人物活动的信息、知识，是干部教育史的重要组成部分。干部教育史人物的现实性，决定了干部教育文献的现实性。同时，参与干部教育的培训者、接受干部教育的共产党员学员，不仅是干部教育的亲历者，也是干部教育的见证人，他们是干部教育文献产生的源泉之一。这决定了干部教育文献的数量是巨大的；决定了干部教育文献是在现实人物中产生的，并且具有现实属性。

干部教育文献中记录的信息、知识对党的干部教育现实有最直接的借鉴作用。一般而言，历史文献中包含着历史经验教训。整理干部教育文献，对干部教育事业发展现实具有最贴近、最直接、最有用的实践意义。特别是通过整理干部教育文献，梳理总结出干部教育发展历程和经验，既是回顾历史，更是直面与破解新时代干部教育培训存在的现实问题，对明确新时代中国共产党干部教育培训基本原则、根本方向、培训内容、教育方针等，提升党的干部教育工作水平意义重大。

对于干部教育而言，历史与现实是密不可分的。历史是过去的现实，现实是发展着的历史。因而，对干部教育文献的现实属性，可以放在更广阔的历史和现实范围内考察，既是"现实"的产物，也是"历史"实践活动的文献记录。干部教育文献记录了党的干部教育的现实，所以从文献中了解现实、国情、党情乃至世情都是需要的。党的纲领文件、重要会议、党和国家领导人物的重要论述等记录现实的干部教育文献，是了解党情和国情的重要文献资料，有利于丰富和完善党的干部教育历史经验，为宏观层面经验的立体化、体系化、具体化提供文献支撑。

（三）干部教育文献的类型

干部教育文献的类型与党的文献的类型，有以下几种主要划分方法。

1.按文献载体形式划分类型

按文献载体形式划分，可以分为印刷型文献和非印刷型文献。印刷型文献主要有图书、报纸、杂志、文件资料等，非印刷型文献主要是手写型文献、缩微型文献、机读型文献、视听型文献、数字化文献。手写型文献包括手稿、笔记、日记、批语、批示、发言提纲、会议记录、文件稿件等。缩微型文献主要为档案馆、图书馆将一些比较珍贵的党的文献制作成的缩微胶卷。机读型文献主要是指由计算机来储存处理的文献。视听型文献主要有录音、录像、视频、影像资料。数字化文献包括为了保存原件，通过数字化加工产生的文献等。本书主要基于印刷型文献进行整理，此类干部教育文献主要有以下几种形式。

一是档案。档案属于具有史料价值的干部教育文献。自中国共产党成立以来，从中央到地方，各级组织部门、各级宣传部门、各级党校等都产生、保存了大量干部教育档案。例如，中央政府（国务院各部委及直属机构）的档案，中共地方组织各部门的档案，党领导的各级党校（行政学院）及其各部门的档案，党和国家领导人、地方领导人、理论工作者的档案，等等。其内容涉及党的路线方针政策中直接规定和体现干部教育、干部培训的态度、措施等的各个方面。这些档案由中央档案馆及各地方档案馆保存。

二是文件。文件属于具有原始史料价值的政策类型文献。党的干部教育文件，有的是作为档案保存的，成为档案的一部分；有的是印刷出来的，或供内部传阅，或公开发行。党的干部教育文件主要指党的纲领、章程、宣言、决议、工作报告、计划、总结、指示等，也包括受党的委托，以个人名义发表的报告、著作、文章等。其中，中央及其各部门的文件是党的干部教育文件的主干部分，地方及其各部门的文件则是党的干部教育文件的分支。这些文件的内容很广泛，涉及经济、政治、文化、社会、生态文明、教育、外交、军事等各个方面，较为集中地反映党在各个时期各个方面的路线、方针、政策、思想、理论，以及行政法规、决议、意见、办法、通知等。这是干部教育文献中极为重要的部分，是干部教育文献研究的重要对象。

三是党和国家领导人论干部教育及干部教育活动的文集。此类文集属于具有原始史料价值的党的理论文献。党和国家领导人、党的历史上的杰出人物，他们的思想论述对党的干部教育活动、干部教育发展、干部教育成就影响深远，他们的实践活动是干部教育实践活动的重要组成部分，所产生的理论文献汇集他们的思想、实践、论述，是干部教育文献的重要组成部分，也是研究干部教育的重要资料来源。这些整理、编纂出版的关于干部教育的重要思想论述的资料，不仅是研究干部教育的原始资料，也是研究党的历史、党的路线方针政策的重要理论资源。

四是教材。教材主要是为干部教育教学所提供的资料。凡有利于干部教育对象学习提升理论素养、能力本领或发展技能的材料均可称为教材，包括装订成册或正式出版的书本、编写或设计的教学材料等。目前，这类教材已有数百种之多。如全国干部学习培训教材已经出版六批，由全国干部学习培训教材编审指导委员会组织编写。此外，报纸、杂志中涉及干部教育理论与实践的内容，也可作为教学资料，成为辅助干部教育教学的使用资料。比如中国共产党办的报刊，真实地记录了党的干部教育各方面工作，也是重要的干部教育文献。

五是大事记。大事记属于具有史料价值的通史型资料。主要是指记载干部教育工作活动或干部教育工作中所发生的重大事件的记录文体，既包括一般信息，如事实、数据、政策、法规、组织机构等，也包括有关干部教育工作的重要新闻、报道、消息等。

六是有关干部培训院校及培训的信息。其包括在湖南自修大学暨湘江大学、广州农民运动讲习所、劳动学院、武汉中央军事政治学校、中国国民党中央农民运动讲习所、外国语学社、平民女校、上海大学、塘田战时讲学院、南侨中学、华东白求恩医学院、华东人民革命大学等多所学校开展干部教育的历史文献资料等；以及进入中国特色社会主义新时代，2024年中组部确定北京大学、清华大学、中国人民大学、北京师范大学、复旦大学、西安交通大学、哈尔滨工业大学、浙江大学、南京大学、四川大学、南开大学、武汉大学、中山大学共13所大学为首批全国干部培训高校基地的有关概况等。

七是干部教育数字文献。数字文献是干部教育载体的一种具体形式。干部教育者运用数字化技术对受教育者加以有目的、有计划、有组织的教育和影响，使之形成符合要求的干部教育的社会实践。运用数据库的网络载体形式为受教育者提供学习所需的新闻发布、资料分享、动态互动、手机阅读、信息检索等多种功能。

2.按文献内容划分类型

可以按干部教育文献内容的不同历史时期、阶段来划分，也可以按党的思想理论教育、领导能力本领和业务发展技能等不同教育内容来划分，还可以按重要政策文件、重要会议、重要培训精神等来划分。

一是按照干部教育文献内容的不同历史时期、阶段划分。这与中国共产党历史的划分一致，是一种纵向的分类方式。主要可以分为新民主主义革命时期、社会主义革命和建设时期、改革开放和社会主义现代化建设新时期、中国特色社会主义新时代。

其中，新民主主义革命时期又可以划分为中国共产党创建时期、大革命时期（第一次国内革命战争时期）、土地革命时期（第二次国内革命战争时期）、抗日战争时期、解放战争时期（第三次国内革命战争时期）。

这一时期，按照事件、地域、单位等，可以对各个阶段进行进一步细分。例如土地革命时期（第二次国内革命战争时期），可以分为南昌起义、秋收起义、广州起义、湘南起义、平江起义、百色起义、第一次反"围剿"、第二次反"围剿"、第三次反"围剿"、第四次反"围剿"、第五次反"围剿"、红军长征、西安事变、"八七"会议、中共六大、古田会议、中华苏维埃第一次全国代表大会、中华苏维埃第二次全国代表大会、遵义会议、巴西会议、瓦窑堡会议……

此外，还可以按照不同党组织划分，如中共上海党组织、北京党组织、江西党组织、湖南党组织、福建党组织、广东党组织、江浙党组织、东北党组织、西北党组织等。每个时期、阶段都可以分出很多小类和细目。

二是按照不同教育内容划分。干部教育文献是党的文献的一部分、一个分支。干部教育文献的类型主要有以下几种划分方法。

比如按照干部教育活动内容划分，新民主主义革命时期的干部教育文献主要有以下几类：重要文件类、党和国家领导人论干部教育的文集、教材类、有关干部培训院校及培训的信息……

比如按照干部教育研究内容划分，主要可以分为干部教育理论、组织管理体制、教育培训对象、内容体系、方式方法、组织机构、师资教材、考核评估、实践案例……

这里的每一类中又可以划分出若干小类、小目，如组织管理体制可以分为基本原则、管理制度、机构体系、保障机制、监督机制、学员管理……

以上代表性地介绍了干部教育活动、组织管理体制的内容，可见按内容划分是可以分出很多类的。干部教育活动、工作的广泛性决定了记录干部教育活动的文献是内容丰富的，可以分为多种类型。

三是按文献的加工程度、层次划分。可以分为零次文献、一次文献、二次文献、三次文献、数字文献。

零次文献。一般是指一些会议记录稿、文件草稿、提纲及一些手稿。这些文献是不公开发表的，但这些文献经过整理、加工后是可以发表的。发表后，原稿仍可以作为零次文献，发表本可以作为一次文献。档案文献中的手写文献，一般属于零次文献，整理发表的零次文献是极少数情况，大部分是未整理发表的。

一次文献。一般是指第一次公开发表的文献，如首次发表的论文、著作，首次出版的资料集、图表集及其他图书等。这些文献一般为原始史料文献，如公开出版的档案、文件、文集、报刊、研究著作等。已经公开出版的资料内容很广泛，主要有综合类、文件类、地域类、事件类、机构类、人物类。

二次文献。一般是指在一次文献基础上加工成的文献，如根据一次文献编成的书目、索引、大事记等。这些检索性的文献都是二次文献，有的是综合性的，涉及各种学科内容的文献，其中包括干部教育文献；有的是干部教育专门类别资料，主要有书目类，文目类，论著目、资料目类，文件目类。

三次文献。一般是指在一次文献、二次文献基础上加工成的文献，如一些综述、概述类的著作，手册、年鉴、辞书等工具书。很多三次文献具有工具书性质，如手册、年鉴类，事典类，事录类，名录类。

数字文献。作为一种新型文献，也称电子文献，涵盖了各种形式和类型的直接使用数字生成的文献，包括通过计算机系统进行处理、管理和传递，并以数字形式存储、传输和检索的信息资源。

二、干部教育文献的搜集与整理

（一）干部教育文献的搜集

1.搜集的类型与原则

本研究采用个人搜集文献的方法，按照专题进行搜集。即先确定一个专题，然后围绕这个专题搜集干部教育相关文献。比如，专门搜集某一个干部教育史人物的文献资料，搜集某一干部教育大事记的文献资料。作为研究者个人，所采取的文献搜集的类型大多是专题搜集。因为一个研究者研究的范围是有限的，往往是专题研究，这样有助于深入研究，所以文献资料搜集以专题搜集为多。单位进行文献的搜集，也有按照专题进行的。比如从事干部教育工作的机构，往往进行与工作内容有关的搜集或研究，也即干部教育文献的搜集，这也是专题搜集。当今时代，互联网高度发达，有关干部教育工作的文献常常通过互联网发布，互联网对其传播、利用已成为不可缺少的途径，这需要相关单位做好专题文献的搜集、存储工作，建立干部教育专题文献信息库。可以说，干部教育文献的专题搜集，在文献搜集中是一种普遍的搜集方法。

（1）类型

搜集干部教育文献，从搜集的主体来划分，可以分为单位（机构）搜集和个人搜集。不同的主体搜集文献的内容、范围会有所不同。从搜集的内容、范围来划分，可以分为专题搜集和无专题搜集。这两种类型涉及党的干部教育文献的范围、所需要的工作量是不同的。

专题搜集在文献搜集方法中是不可缺少的，也是很重要、很有意义的。首先，专题文献是党的干部教育文献的重要组成部分，只有搜集、整理好专题文献，才能搜集、整理好整个党的干部教育文献。如果党的干部教育文献是一座大厦，专题文献就是一块砖、一块石，没有砖、石，就没有大厦。其次，专题文献对于干部教育的专题研究来说是基础、前提，没有专题文献，就无法进行相关专题研究。专题文献资料搜集工作做得如何，决定着干部教育专题研究的水平、成果如何。最后，按照专题搜集干部教育文献，很多是干部教育研究迫切需要的，也有很多是干部工作迫切需要的。专题文献的搜集既能更好地为干部教育研究服务，也能更好地为干部工作服务。

干部教育文献的专题搜集，确立专题的题目是关键。题目决定了搜集工作的方向，而选题、定题是否得当，对整理研究的成败往往有重大的影响。一般来说，确定专题题目时应注意以下几点。

一是符合干部教育发展需求，有意义地进行干部教育专题文献资料的搜集，首先要从干部教育的实际需求出发。干部教育的实际需求，是党对干部发展提出的要求。比如新中国成立初期，国家各项建设事业迫切需要领导干部及专业人才，因此这方面的经验总结和文献资料的收集、研究就成为迫切的任务。如党的十八大以来，对全面提升干部队伍能力水平、政治素养和党性修养作出战略部署，党的十八大以来重要文献、领导干部专题研讨班的重要文献、中共中央印发的重要工作文件……这些专题文献的搜集、整理正适应了时代和社会发展的需求。又如当前全面从严治党是党的建设的重要任务，那么对党内的有关文件、警示教育的教学案例等的搜集、整理，就适应了干部教育的现实需求。干部发展需求是多方面的，包括政治、经济、文化等各方面的需求，可以说是由不同研究领域的社会需求组合而成的。干部教育专题文献的搜集既可以从干部教育总要求出发，也可以从某方面的现实需求出发。比如各地区、各部门紧密围绕统筹推进"五位一体"总体布局、协调推进"四个全面"战略布局的总体要求，严格遵循坚持"干什么训什么、缺什么补什么"的原则，精准高效地组织开展了各类专题培训活动，相关文献等的搜集、整理，也是干部教育所需要的。

二是符合干部教育研究的需求，有学术意义的干部教育文献专题搜集既为党的干部教育工作服务，也为党的建设研究服务。因此，专题的确立也可以从干部教育研究的需求出发。干部教育研究的需求，有的会从党的建设研究的学科体系建设需求出发，有的会从干部教育事业的发展需求出发。从党的建设研究的学科体系建设需求来说，最需要研究的就是党史上的一些重大事件、重要人物，因此需要首先搜集、整理这方面的专题文献资料。近年来，已经搜集、整理、出版了一些这方面的文献资料，但还需要搜集、整理、出版更多的资料。从干部教育事业的发展需求来说，新中国成立以来，尤其是党的十一届三中全会、党的十八大以来的干部教育规律最迫切需要研究，这方面的专题文献资料亟须搜集、整理。党的建设研究的学科体系建设需求与党的干部教育事业发展需求，在某些方面是统一的。比如加强党建的自我革命的研究，既是党建的学科体系建设的需求，也是落实全面从严治党的要求。

三是有新意义。有社会意义、学术意义的干部教育文献，其社会价值、学术价值是很大的。但是相同的文献重复出版，其价值就会大打折扣。特别是某个专题文献资料已经出版，再去搜集这个专题的文献资料，并整理、出版，就是没有价值的。这说明在确立专题时，既要考虑社会意义、学术意义，也要考虑是否有新意义。所谓新意义，从本质上说就是有新的价值。新题目有新价值，是有新意义；新题目无新价值，就无新意义。旧题目有新价值，也是有新意义；旧题目无新价值，自然无新意义。在党的干部教育实践中出现的新问题、提出的新要求，党的建设研究中出现的新问题、提出的新需求，围绕这些进行干部教育文献的专题搜集，这些专题的题目是新的，也有新价值、新意义。党的建设研究中出现的新问题，有的是从未遇到过的问题中转化来的。比如偶然发现新的文献资料，并且其中反映的问题是从未遇到过的、从未有人提起的，那么这条新发现的文献资料便提出了新问题。围绕这个新问题专门搜集有关文献资料，这样的专题文献搜集无疑是有新意义的。这是新题目有新意义。那么旧题目有新意义怎么理解呢？比如某个专题的文献资料已经出版过，后来又发现了这个专题的新文献资料，于是出版"补编""续集"。这种"补编""续集"，题目虽旧，文献资料却是新的，有新价值，自然有新意义。又如，某些出版过的文献是残缺的、不全的、有遗漏的、有讹误的，后来发现了全本、精本，可弥补以前出版本的不足，可订正以前出版本的讹误，于是出版"修订本"，出版"第二版""第三版"仍有这种修订本、再版本，虽然题目是旧的，但文献资料有了新内容，这样仍有新价值、有新意义。

以上三个方面，应成为专题文献搜集的标准。只有聚焦干部教育发展方向，把握党的建设研究方向，不断创新，文献的搜集才能向广度和深度不断发展，从而带动整个干部教育文献搜集的发展，推动党的干部教育研究的发展。如果不追求新价值、新意义，那么干部教育文献的搜集、整理就不会发展，党的干部教育研究也就没有了发展的基础。

（2）原则

无论是单位还是个人进行干部教育文献的搜集，无论是作专题搜集还是作无专题搜集，都应该遵循以下三条基本原则。

第一，历史原则。历史原则是历史唯物主义的历史观点、历史分析法的体现，是历史唯物主义基本原理在干部教育文献搜集中的具体运用。历史原则的要点是尊重历史，从客观历史出发，还原客观历史的本来面貌。一是在搜集文献时要实事求是，客观历史形成什么文献资料，客观历史存在什么文献资料，就搜集什么，绝不能在搜集过程中编造未形成的文献资料、不存在的客观历史资料。比如，"搜集"违反历史唯物主义历史原则的文献，属于编造文献，这种文献是伪文献。二是为了尊重历史，最好保持历史文献的原貌，能搜索到文献的原件最好。三是为了尊重历史，在搜集文献的同时，要明确每份文献的制作者或发布文献的互联网官方平台及其情况，以及文献的来源、背景，并做好尽可能详细的记录，把这些记录作为文献的附录。这对以后考证该文献的真伪有很重要的意义。

第二，全面原则。全面、详尽地占有文献资料，这是辩证唯物主义、历史唯物主义对历史研究的基本要求，也是对文献资料搜集工作的基本要求。这是文献资料工作、研究工作避免片面性、实现科学性的基础和保证。干部教育文献工作、干部教育研究工作也要遵循这个原则。从党的干部教育文献工作的总体来说，要坚持全面系统建设，有关干部教育发展历程的所有文献资料都要搜集，不能有遗漏、忽略。这是无专题文献搜集的全面原则。基础搜集工作实现了"全面性"，这也为专题搜集等的"全面性"创造了条件。文献资料搜集工作的全面性在多方面都可以得到体现、贯彻。比如，搜集文献资料既要注意纵向时间范围的全面性，也要注意横向不同文献类型的全面性。除时间范围的全面性外，纵向的全面性还体现在全过程的文献资料包括事件发展全过程的文献资料都要搜集；横向的全面性就是各个方面、各个层次的文献资料都要搜集。

文献资料类型的全面性，即印刷型文献、手写型文献、数字化文献、视听型文献，零次文献、一次文献、二次文献、三次文献等都要搜集。搜集文献资料的全面性，不仅要注意文献类型的全面性，也要注意文献资料形成过程的全面性。要把文献在形成过程中各个环节、各个阶段的不同表现形式都搜集起来。不同形成阶段的文献，都有其各自的价值。把各个形成阶段的文献形式都搜集起来，对于研究这一文献的形成过程是必要的、有帮助的，并且可以从中了解、研究文献作者的思路和思想的发展变化，进而开展研究评价。同时，还要注意文献间的联系性，用辩证的观点来审视文献。事物在一定的条件下互相联系，文献在一定条件下也互相联系。文献的联系，可以提供查找文献的线索，使文献的搜集更加全面。

全面搜集文献资料，还要力求每份文献的完整性。完整无缺的文献资料比残缺的文献资料具有更高的价值。找到了残缺的文献，就要设法找到完整无缺的文献，或设法将其补全。文献的外在形式或许无法补全，但文献的内容、文字是有可能补全的。一方面要将已经有线索的、既有文献资料搜集齐全，另一方面要努力搜集尚无线索的、尚未与世人见面的、待发掘的文献资料。比如从未公开过的文献，一旦挖掘出来，就是新的文献资料，就有各方面的价值。衡量文献搜集得全面与否的标准之一，是能否在旧有的文献范围内有所突破、是否发现了新文献，同时这也是判断所搜集文献是否有新意义的标准。

第三，理性原则。无论从事什么文献资料搜集工作，只有对所要搜集的资料有理性的认识，文献资料搜集工作才能做好。干部教育文献的理性认识，一方面是对马克思主义理论的认识。党的干部教育文献的搜集工作，看起来是一种资料工作，不是理论研究工作，但没有理论的指导是不行的。不同阶级、不同世界观的学者，都在从事资料工作，但他们从事资料工作的思路、思想、方法是不同的。马克思主义的干部教育文献整理与研究，就是要在马克思主义理论的指导下进行，就是要阐明如何利用马克思主义理论去指导文献资料的搜集、整理等。马克思主义要求从事资料工作的人有马克思主义的理论修养，这样搜集文献资料的思想、方法才能符合马克思主义理论；否则，搜集文献资料的思路就不符合马克思主义理论。比如，搜集中国共产党建党时期的文献资料时，按照马克思主义哲学中历史唯物主义的观点，中国共产党是马克思主义和中国工人运动相结合的产物，从这个观点出发，就要去搜集马克思主义理论教育在中国工人运动中产生影响的文献资料，以及马克思主义在中国传播及其对中国共产党诞生所产生的影响的文献资料。这样展开搜集工作，就符合历史唯物主义。党的干部教育文献的搜集工作，只有在马克思主义理论的指导下，只有有了马克思主义的理性认识，才能不偏离科学的轨道。另一方面是对中国共产党的路线方针政策的认识。搜集党的干部教育史某一阶段的文献，搜集关于某一件大事的文献，了解当时党的路线方针政策，才能做好文献搜集工作。

以上说明，提高理性认识，对干部教育文献的搜集是极为重要的。理性认识正确与否、深或浅，直接影响文献资料搜集的思路、范围、专题的设立等。

2.搜集的步骤、方法

在制订干部教育文献的搜集计划时，已经了解和掌握了 些文献的线索，自然也就应该先搜集这些已经有线索的文献。在搜集文献资料的过程中，可能存在查找文献和网站考察之别。查找文献，一般就是到图书馆、档案馆查找旧文献。网站考察，可以通过干部教育相关机构的官方网站，检索一些新文献。一般来说，查找文献和网站考察可以同步进行，也是先查找有线索的文献。

搜集已有线索的文献资料，一般步骤和方法如下。

首先，从地理位置上考虑，应先近后远，由近及远。即先从本单位的馆藏搜集起。无论是单位还是个人搜集干部教育文献资料，都应从本单位的馆藏出发。本单位已有的文献资料，就无须到其他单位去搜集。本单位的馆藏文献资料搜集完毕，再考虑搜集本单位没有的文献资料。

其次，优先运用检索工具。制订计划需要先运用工具书和搜索引擎。实施文献的搜集同样需要先查工具书，比如到图书馆找书，要先查目录；再如在互联网找题录信息数据库，找电子报纸、期刊，也需要先查目录信息。

最后，按一定的顺序搜集。各类文献的搜集不可能同时进行，需要有先后顺序，一般来说，先搜集与专题有直接关系的文献，再搜集与专题有间接关系的文献；先搜集原始史料文献，再搜集传抄史料文献，接着搜集撰述史料文献，最后搜集文艺史料文献；先搜集主要的、重要的文献，再搜集次要的、不重要的文献；先搜集正面的文献，再搜集反面的文献。

（二）干部教育文献的整理

搜集干部教育文献资料到一定程度后，就要将搜集的文献资料进行整理。本书搜集干部教育文献资料的目的：一是整理、汇编、出版文献资料集，自然要将搜集的文献资料进行整理；二是研究，只有把搜集的文献资料进行分类整理，才能进行研究。把搜集的文献资料进行整理，一方面是为了以后更方便、更有效地利用它，发挥其应有的作用；另一方面是对搜集工作的检查、小结，如果发现搜集工作的不足，发现有的文献还未搜集到，就可以尽快补全。

文献的整理，一般分两步：第一步是将各种各样的、零散的、杂乱无章的甚至是堆积如山的文献有序化，即按一定的顺序排列起来。或者使之体系化、系统化，即按一定的体系、系统排列起来。这一步的整理，不仅有助于文献的存放、贮存，还有助于文献的检索。第二步是对文献的具体内容进行整理。比如要整理、出版文献资料集，要在文章、著作中引用文献，就必须对文献的标点、分段、内容等作一些校勘、考订等。这一步的整理，使文献由原始状态进入规范状态、标准状态，有助于文献的利用，发挥各方面的作用。

1.有序化整理

文献的有序化整理，主要是将文献按一定顺序、体系排列起来。按照什么顺序、体系排列文献，既可以根据干部教育文献类型的特点，也可以根据文献发布机构的性质，或者根据搜集的目的、任务等决定。一般来说，文献的排列顺序有以下几种。

一是以文献作者分类。将某个单位完成的文献归入这个单位的名下，某个人完成的文献归入该作者名下，而无须考虑文献的内容、载体、年代等，这是以文献作者分类的文献整理法、分类法。档案文献的整理，一般采用这种方法——"全宗"原则和方法。对某个单位或某个人物的文献资料进行整理、研究，也可以采用这种方法。

以文献制作者分类的整理，是一种大分类、大体系。一个单位或一个人物的文献有很多，需要进行进一步地再整理和再分类。这种进一步的整理分类，对于一个人物的文献，一般按时间顺序进行，即按时间的先后将文献排列起来。如果是同一时间的文献，再按内容或问题分类。如果有不同载体的文献，那么可以在时间分类、问题分类之下，再按载体进行分类。这样整理，一个人物的文献资料一般可以合理归类。对于一个单位来说，也可以按时间顺序、按问题、按载体进一步进行文献分类整理。同时还可以按组织机构分类。至于是先按组织机构分类，还是先按时间顺序、问题、载体分类，可以根据文献的特点、机构的特点等决定。本书主要按时间顺序、问题、载体分类整理资料，对人物和单位文献资料按问题进行了进一步分类，也是一般分类，其中具体的分类主要是按照文献载体、文献的实际情况进一步细化。总之，最终的整理结果是要使每份文献都归类准确，使每份文献都有序化、系统化。

二是以文献内容分类。文献属于什么内容类别，就将其归入那个内容类别下，而无须考虑文献的制作者、制作年代等，这是以文献内容分类的文献整理法、分类法。图书馆整理图书、论文等一般采用这种方法。对于某个事件、某个问题的文献资料进行整理、研究，也可采用这种方法。以内容分类是文献分类的一个大系统，对其具体的分类办法已经有了明确的规定，这就是《中国图书馆分类法》（以下简称《中图法》）。《中图法》对于中共党史文献的分类，是先按历史阶段分类，再按历史事件分类，对历史人物则另外分类。《中图法》一般按制作者对相同内容的文献进行再分类。这种分类方法便于图书馆收藏文献、检索文献。而作为专题文献的整理者、研究者，对于相同内容文献的再分类，可以按制作时间进行，即制作、形成年代早的文献排在前，形成年代晚的文献排在后。这样分类，有助于明确研究文献之间的联系。

《中图法》将党的文献分在政治类，而不是分在历史类。《中图法》对党的文献的分类，分到大事件为止，同一大事件的文献再如何细分，可根据具体内容而定。本书也增加了大事记类别，专题文献的整理、研究就是大事记，对这种大事记的文献资料再进行具体分类整理，也要根据具体内容而定。

三是以文献制作、形成时间分类。文献什么时间制作、发布、形成的，就归在那个时间也就是历史阶段下，而无须考虑文献的制作者、文献的内容等，这是以文献制作、形成时间分类的文献整理法。党的文献资料的整理，一般采用这种方法。以时间分类，一般按年、月、日分类。年代不同的文献，按年代先后分类；年代相同的文献，按月的先后分类；月相同的文献，按日期的先后分类；日期相同的文献，可以按问题、内容分类。

四是以文献类型分类。不同类型的文献各分一类，而无须考虑文献的制作者、制作年代、内容，这是以文献类型分类的文献整理法。比如政策文件类文献为一类、课程类文献为一类、数字化文献为一类等。以上是整理干部教育文献的一些主要方法，在组织文献和实现分类的过程中还要对文献进行标题、标引，若文献无标题、标引，就无法分类和归类。本研究主要以文献题目为标题名称，原本没有题目的，通过对文献主题进行分析，然后进行准确概括、提炼，给文献设定一个题名。

2.整理的原则

干部教育文献整理的原则，与搜集义献的原则是相似的，可以互相参照。以下是本书文献整理时总结的主要原则。

（1）反映文献的历史原貌

干部教育文献是历史的产物，必须用历史的观点去审视、整理，而不能只用现代的眼光去审视、整理。从历史观点出发，整理干部教育文献最重要的是保持文献的原貌。如何保持文献原貌，一是文献的文字不要改动。需要校正的文字，加括号注于后。二是资料不要改动，不要删减。三是观点不要改动。四是标点、分段要忠于原文原义。如果随便改动文献，失去文献历史面貌，就违反了历史原则，违反了历史唯物主义原则。

从历史观点出发，还要对历史文献做些历史分析、历史评价。为了反映文献的历史原貌，在整理文献时要努力做好文献的复原工作。有些文献的出处是被多次引用或利用的，要设法找到其一手文献；有些文献的制作者不清楚，要设法查清楚；有些文献是代作的，即由乙代甲作的，那么搞清楚后，应署乙名，去除甲名；有些文献的制作时间不清楚，要设法搞清楚；有些文献原来署的制作时间有误，要设法纠正；有些文献的注释等有误，或是有某种局限，也要将其改正；有些文献分在两处，如能缀合应设法缀合之；有些文献是多份的，其往往会有一些历史联系，保持和反映这些历史联系，是保持和反映多份文献总体历史原貌所必需的，不要割裂或破坏文献间的历史联系。

（2）坚持党的理论指导

整理文献资料总是在一定的理论指导下，按一定的体系进行的。党的干部教育文献的整理更需要党的理论指导。有无马克思主义理论的修养，有无党的路线方针政策的修养，整理文献的方法思路、达到的水平都是不一样的。对于社会主义时期的中共党史文献，有中国特色社会主义理论修养的人，就会分析中国特色社会主义理论；没有这方面理论修养的人自然就不会作这方面的分析。有资本主义理论修养的人则会对社会主义时期的中共党史文献作一些资本主义理论的分析。理论指导不同，对文献的理论分析自然不同。

对于中共党史文献的价值评价更体现出理论思维、理论指导的不同。哪些文献是符合历史唯物主义的，哪些文献是历史唯心主义的；哪些文献符合中国共产党的路线方针政策，哪些文献不符合；哪些文献是正面的，哪些文献是反面的；哪些文献有价值，哪些文献没有价值……要进行这些价值评价，显然需要理论指导。用历史唯物主义理论、社会主义理论做指导，与用历史唯心主义理论、资本主义理论做指导，对同一文献的价值判断和评价是不同的。

中共党史文献的整理，最后要写工作报告、研究报告，写这样的报告更是集理性思维、理论指导之大成。对于文献分类、排列的理论思考，对于文献分析、评价的理论思考，都要在最后的总结性报告中体现出来。一般来说，写工作报告、研究报告，更需要理论思维，更要体现出一定的理论体系。

总之，理性思维和一定的理论原则贯穿中共党史文献整理的始终。所以对于中国共产党的文献工作者来说，加强马克思主义理论修养，加强党的路线方针政策的修养，加强中国特色社会主义理论的修养，是十分重要的。这些方面的理论修养越深厚，就越能在整理文献时把握这些方面的理论原则，整理的水平也就越高。文献整理工作看起来是一种资料工作，但实际上，没有理性思维和理论指导是做不好的。

三、干部教育文献的汇编

以一定题目确定的体系体例，将文献资料汇编成书即为编案，这是资料性的、辑录性的汇编，是初级的汇编。以一定题目和一定体系、体例、观点、方法取舍文献资料，编写成书，也是汇编，这是研究性的、著作性的汇编，是高级的汇编。文献汇编的成果一般是要出版，并向社会公布的。文献只有编纂、出版了，才能更好地被社会利用，才能让文献的各方面价值充分地发挥出来。文献经过搜集、整理、汇编，可以供人使用，或者说已是"成品"，但这个"成品"要到达需要者、使用者的手里，就需要向社会公开，即需要汇编、出版。只有汇编、出版了，这些"成品"才能在社会上展示出来，供人们选择、使用。

干部教育文献汇编的过程，实际上也是文献搜集、整理的过程，文献汇编是离不开搜集、整理等工作的，而文献的搜集、整理也为文献汇编创造了条件、做好了准备。文献汇编往往是文献诸方面工作的总汇、总结。

（一）汇编的目的、任务

干部教育文献的载体类型很多，时间跨度长，历经党的百余年发展过程。各种文献的汇编，其首要的目的、任务就是为中国共产党领导的中国式现代化建设服务；在当下，就是要坚持为党和国家发展大局服务。党的干部教育文献浩如烟海，哪些该编纂、哪些该先编纂，标准有以下四个。一是从干部教育文献汇编的目的、任务出发去衡量。党史文献编纂成果的得失、优劣评价，也要从这个目的、任务出发。

二是为推动中共党史研究服务。中共党史研究以文献资料为依据，没有文献资料寸步难行。党史文献的编纂，可以公开大量的党史文献资料，可以向社会提供一些最新的中共党史研究成果。从推动党史研究出发，应该优先编纂党史研究中的一些重大问题、疑难问题和亟须解决的问题的文献。三是能更好地保存、积累、传播党史文献。更好地让中国共产党的精神财富一代一代地传下去，使党史文献在当前能很好地发挥作用，在将来也能很好地发挥作用。四是有助于推动党史文献的各项工作。中共党史文献各方面功能、价值的发挥，得益于党史文献的整理、校勘、考证等方面的工作，而党史文献的编纂出版是对诸方面文献工作的最好检验，文献工作的优劣、成败在文献编纂、出版以后就一目了然了，社会的评价也由此产生，这就会推动文献工作的进一步深入、发展。

概言之，中国共产党的干部教育文献汇编，就是要在历史唯物主义理论、正确的路线方针政策的指导下，按照社会的需要，用科学的方法汇编党的干部教育文献，使党的干部教育文献更好地为现实社会服务、为将来社会服务、为党的建设研究工作服务。

（二）汇编的原则与体例

1.汇编的原则

文献汇编是文献工作的总汇，文献汇编的原则也是文献诸方面工作的原则的总汇。诸如文献搜集、整理等的原则，都是文献汇编原则的组成部分，或者说文献汇编原则与文献搜集、整理等方面的原则是密切相联的。本书在整理汇编干部教育文献时遵循的基本原则主要如下。

一是实事求是的原则。文献汇编既要真实地反映文献内容的原貌，也要真实地反映文献整理工作的原貌；既要在质量上反映文献的原貌，也要在数量上反映文献工作的原貌。要做到这一点，既要实事求是地做好文献搜集、整理等各项工作，也要实事求是做好文献汇编的各项具体工作，要把实事求是的原则贯彻到文献汇编的每个环节。比如在汇编过程中，选材注释、来源等，都要贯彻实事求是的原则，这样才能使文献的面貌全面、真实地反映出来。贯彻实事求是的原则，就是在文献汇编过程中坚持科学性、尊重整体的原本的文献观点、保持客观态度。这是决定文献汇编科学价值、学术价值的基本原则。

二是为党的干部工作服务的原则。文献汇编的目的就是满足党的干部教育工作需要。要实现这个目的，就必须坚持和贯彻党的路线方针政策。什么文献该汇编、什么文献该先汇编，都要从能否为党的干部教育工作服务出发去考虑，从是否符合党的路线方针政策去考虑。这是决定文献汇编社会效益和学术价值的基本原则。

三是确保意识形态安全的原则。党的干部教育文献的汇编、公布，要遵守保密原则、保密制度，确保意识形态安全。本书文献汇编的内容、搜集文献的来源均为公开出版或公开发布的文献，从充分发挥党史文献各方面作用出发，文献汇编都应公开出版。

2.汇编的体例

题目确定后，必须拟定体例，然后才可能开始汇编工作。如果只定题目，不定体例，汇编工作仍不知从何做起，仍无法做。如果无严谨的体例，在文献汇编中还会产生前后矛盾、前后重复、前后不统一等混乱现象，致使编纂失败。体例必须解决的问题有以下六个。

（1）格式、版式

本书在文献汇编时，以横排编辑。文献汇编成书，规定此书采用四级标题。文献中的注释，采用脚注的形式。改正原文中的错别字，采取什么样的格式、什么样的符号，以及一些较特殊的标点符号怎么用，占几格，都要作明确、详细的规定。

（2）文献状况

文献的来源范围为公开出版的资料汇编，遵循文献搜集、整理、汇编原则。

（3）记时

本书在文献汇编时，上限始于建党初期的干部教育文献，下至党的二十大以后，更确切地说，是2024年12月31日。纪年方法，以新中国成立以来的公元、公历纪年。

（4）记地

党的干部教育文献汇编中的记地问题，一般情况下，通常以旧的地名为主名，如果同地异名，或者同名异地，则可加注说明。

（5）记人

记人主要记的是参与从事党的干部教育实践活动的政治人物，主要包括一个人的相关干部教育思想、干部教育实践等。汇编人物类的历史文献，如果众多人物合为一编，按参与干部教育实践活动的时间先后排序。

（6）记事

记事以大事记的记载方式，涉及干部教育文献相关政治、经济、思想、文化等各方面的事，如事件、运动、会议、文献出版等。记事的具体方法如按党中央的有关历史决定、决议进行。

第二章

干部教育文献整理与研究的

价值与意义

　　干部教育文献作为中国共产党治国理政的思想载体与实践记录，既是培养党员干部的制度蓝本，也是解析中国政治生态变迁的关键切口。其系统化整理与深度研究，兼具历史学、政治学、教育学等多学科交叉研究价值，同时为新时代干部队伍建设提供理论支撑与实践指导。本章从历史维度与多维视角出发，通过对干部教育文献的整理与分析，深入了解中国共产党在不同历史阶段对党员干部的培养理念、教育内容、方式方法及其成效，从而揭示党员干部队伍建设的内在逻辑与历史演进。这不仅有助于深化对中国共产党治国理政思想的理解，还能为当前和未来的干部队伍建设提供宝贵的经验与启示。

　　百年大计，教育为本。党的干部教育工作是一项长期的工程，干部教育文献整理与研究也同样具有动态发展的特性。这项系统性工程涵盖多学科研究领域，其研究范畴始终伴随时代需求不断延展。通过系统梳理干部教育方针政策、教学创新实践及人才培养机制等相关文献，为新时代干部教育体系建设提供坚实的文献支撑。

　　深入挖掘干部教育文献价值，是坚定党的理论自信的重要途径。干部教育文献作为党的理论建设的本源载体，不仅凝结着教育实践者的智慧结晶，更承载着传承红色基因的历史使命。收集、整理与研究干部教育文献，实质是夯实党的理论根基，为构建具有中国特色的干部教育思想谱系奠定文献基础，实现理论传承与创新发展的良性互动，为党的干部教育事业永续发展创造必要条件。

　　干部教育文献的保护性整理与研究，可以丰富党的理论典藏。干部教育文献既记载着党在不同历史时期的教育探索轨迹，又为当代干部教育现代化转型提供了经验借鉴。通过建立科学的文献整理规范与方法论体系，不仅能够深化干部教育工作的历史认知，更为培养适应新时代要求的干部队伍构建起跨时代的对话机制，实现理论指导与实践创新的双向赋能。

在学术体系建构层面，干部教育文献研究发挥着学科建设的枢纽作用。其研究通过构建文献学、教育学、政治学等学科交叉融合的研究框架，显著提升了干部教育研究的学术化水准。这种整理和研究的过程，有利于干部教育工作从经验型实践向系统化理论演进，为新时代党的干部教育创新提供持续的智力支持。

在实践层面，干部教育文献的整理与研究不仅能够为国家治理现代化提供坚实的理论支撑和科学的制度框架，确保治理方向的正确性和治理路径的有效性；还能够通过强化党的执政能力与治理效能，提升国家治理的整体水平和效率。此外，干部教育文献的深入研究和实践应用，有助于推动治理模式的转型与治理能力的迭代升级，使国家治理更加适应时代发展的需要。同时，这些文献也是为国家长远战略储备治理人才的重要途径。通过培养具有高素质和能力的领导干部，为国家治理的持续发展提供坚实的人才保障。更重要的是，干部教育文献的传播和实践，能够强化治理合法性与政治认同感，增强人民群众对党和政府的信任和支持，为国家治理的稳定和可持续发展奠定坚实的基础。

一、历史维度：政党治理的经验总结

通过对干部教育文献的细致梳理，我们可以清晰地看到中国共产

党在不同历史时期对干部教育的重视与变革，以及这些变革如何影响
并推动了党的建设与国家的发展。从原始文献的收集整理到红色基因
的解码、从体系的构建到制度的定型，每一次文献的整理与研究都为
我们理解党的历史、把握党的发展规律提供了宝贵的资料与视角。

（一）新民主主义革命时期：组织建构与意识形态奠基

建党初期，面对复杂的国内外环境和党的组织建设需求，《中国共
产党第一个决议》明确提出要培养忠诚于党的干部，强调干部教育的
重要性，为党的干部教育体系奠定了初步基础。抗日战争时期，随着
革命形势的发展，干部教育更是成为党的生命线。《中共中央关于在职
干部教育的决定》等一系列文献的出台，进一步规范了干部教育的内
容、形式和方法，推动了干部教育的全面发展和深化。这些文献不仅
揭示了党通过干部教育实现思想建党、政治建军的历史进程，还展现
了党在抗日战争中如何通过干部教育培养出一大批具有坚定信仰、勇
于斗争的干部，为抗日战争的胜利提供了坚实的人才保障。同时，这
一时期的干部教育文献也反映了党的干部教育与军事斗争的深度融合，
体现了党在复杂斗争中始终坚持人才为本、教育为先的战略眼光。

（二）社会主义革命和建设时期：制度规范与政治认同塑造

《中共中央关于轮训全党高、中级干部和调整党校的计划》及
"五七干校"相关文件，展现了计划经济时代干部教育的双重属性：既
包含工业化专业能力培养，又强调意识形态纯洁性维护。《中共中央关
于轮训全党高、中级干部和调整党校的计划》及"五七干校"相关文

件，深刻揭示了在计划经济时代干部教育所具有的双重特性：一方面，这些文件强调了干部在工业化进程中所需的专业技能和知识，通过系统的教育培训，提升干部在计划经济体制下的管理能力和技术水平，为国家的工业化建设提供有力的人才支撑。另一方面，这些文件也突出了意识形态教育的重要性，要求干部始终保持对党的忠诚和对社会主义事业的坚定信念，通过不断地对思想进行改造，确保干部队伍的纯洁性和战斗力。这种双重属性的干部教育模式，不仅有助于培养具备专业技能和良好政治素养的复合型人才，也为单位制下的政治社会化机制提供了有效的制度保障和实施路径。

（三）改革开放和社会主义现代化建设新时期：现代化转型与治理能力提升

邓小平提出的"四化"干部标准，即革命化、年轻化、知识化、专业化，极大地推动了干部教育的发展，使培养干部的导向更加明确。这一理念的提出，不仅对干部的选拔和培养产生了深远影响，也对干部教育的课程设置产生了重要的指导作用。例如，中央党校MBA课程设置文件的出台，就是对这一理念的具体实践。此外，《干部教育培训工作条例（试行）》等文件的出台，也体现了在全球化背景下，执政能力建设的范式转换。这些文件的出台，揭示了市场经济改革与干部知识结构转型之间的内在关联，为干部教育的发展指明了方向。

（四）中国特色社会主义新时代：制度定型与全媒体整合

《2018—2022年全国干部教育培训规划》提出的"政治训练＋专

业赋能"的双轨模式，以及《习近平谈治国理政》系列教材的课程化应用，都标志着干部教育已经进入了体系化建构的新阶段。这一阶段的特征是将政治素质的培养和专业能力的提升相结合，旨在打造一支既忠诚于党的领导，又具备专业技能的干部队伍。新时代干部教育文献的研究，不仅有助于深入理解中国共产党治国理政的理论和实践，而且对解码"中国之治"的治理哲学具有重要意义。同时，这一阶段干部教育文献载体开始大范围地从纸质文件扩展至全媒体平台。"学习强国"等移动端、数据库等开始兴起。通过对这些文献的学习和研究，可以更好地把握中国特色社会主义道路、理论体系、制度和文化的发展脉络，从而为实现中华民族伟大复兴的中国梦提供坚强的干部支撑。

二、理论维度：跨学科研究的交汇点

对干部教育文献进行系统的整理与深入的研究，不仅极大地丰富了历史学、政治学、教育学等多个学科领域的研究内容，而且有效地促进了这些学科之间的交叉融合与创新发展。从政治学的视角来看，对政党伦理文本的深入阐释，使我们能够更加深刻地理解党的伦理道德建设与干部教育之间的内在联系和相互作用；从教育学的角度来看，这些文献的研究为我们探索和构建适合中国国情的干部教育模式提供了坚实的理论基础，同时也揭示了干部教育文献在知识生产、传播和应用过程中的重要地位和作用。

在干部教育领域，党校（行政学院）、干部学院所构成的主流干部教育培训体系，已经形成了一套稳定的干部教育培训模式。深入研究这一模式下的课程设置、教育实践、教学评估及相关的干部教育文献，能够极大地丰富干部教育的理论内涵。

干部教育文献扮演着"体制内知识传播者"的角色，其文本结构展现出独特的层级传导模式。这种模式通常包括政策文件、实施方案及考核标准三个层面的逐级传导，形成了一个三级传导的体系。此外，这些文献在话语修辞方面也具有鲜明的特色，如使用了"关键少数""钉钉子精神"等特定表达方式，这些修辞手法不仅丰富了政治语言的表达，而且在传递政治信息时起到了重要的作用。这种独特的传播范式，不仅反映了政治文化的特点，更为传播学理论提供了宝贵的本土化案例，有助于学者深入理解政治传播在不同文化和社会背景下的运作机制。

针对领导干部执政能力的考核类文件，如中共中央组织部发布的体现科学发展观要求的《党政工作部门领导班子和领导干部综合考核评价办法（试行）》。此文件的出台，不仅为干部教育培训工作注入了新的活力，而且极大地促进了公共管理理论与信息技术之间的交叉创新。通过这样的考核办法，可以更加科学、全面地评价领导干部的工作表现和执政能力，从而为选拔和任用干部提供更加客观、公正的依据。同时，该文件的实施也鼓励了干部在实际工作中积极运用现代信息技术提高工作效率和质量，进一步推动了政府管理和服务的现代化进程。

三、实践维度：国家治理现代化的重要载体

干部教育文献作为中国共产党治国理政的重要理论成果和政策载

体，对国家治理实践具有深远的指导意义和现实作用。

（一）为国家治理现代化提供理论支撑与制度框架

理论创新与实践路径的融合。党的十八届三中全会提出"推进国家治理体系和治理能力现代化"目标后，干部教育培训成为理论转化为实践的桥梁。《全国干部教育培训规划（2023—2027年）》强调，通过系统性培训提升干部的法治思维、创新能力和国际视野。

制度设计的科学依据。干部教育培训通过明确培训目标、内容与机制，为国家治理体系构建制度框架。1996年发布的《1996—2000年全国干部教育培训规划》首次提出了"建立有中国特色的干部教育体系"，并明确了这一体系的基本框架，确立了以党校、行政学院、干部学院为主阵地的多元办学体制。而后出台的一系列政策文件进一步细化了分层分类培训、需求导向调训等运行机制，确保了治理能力培养的精准性。

（二）强化党的执政能力与治理效能

提升干部队伍素质的关键抓手。干部教育文献通过制度化培训解决治理实践中的能力短板。当前部分干部存在理论素养不足、改革攻坚能力薄弱等问题，2023年修订的《干部教育培训工作条例》对干部教育培训内容体系构成作了进一步概括与完善，规定"干部教育培训以深入学习贯彻习近平新时代中国特色社会主义思想为主题主线，以党的理论教育、党性教育和履职能力培训为重点，注重知识培训"。这一规定明确了新时代干部教育培训内容体系包括四个方面，其中，党的理论教育是根本，党性教育是核心，履职能力培训是关键，知识培训是基础。党性教育依然处于十分重要的地位，以应对中国式现代化的复杂需求。

确保政策执行与治理目标的统一性。通过干部教育相关文献统一全党思想，保障党中央决策部署的贯彻落实。例如，延安整风时期通过干部教育实现全党思想统一的历史经验，在新时代被转化为"常态化培训机制"，通过强化政治判断力、领悟力和执行力，防止地方治理中的选择性执行或落实不到位等问题。

（三）推动治理模式转型与治理能力迭代

从革命党到执政党的治理思维转型。干部教育文献记录了中国共产党的治理重心从"阶级斗争"向"经济建设"的转变。邓小平提出的干部"四化"要求，推动了培训内容向经济管理、应急管理、信息技术等领域的扩展，使干部队伍适应了改革开放后的治理需求。当前干部教育进一步强调"知识培训"与"实践锻炼"相结合，助力干部应对数字经济、全球化等新挑战。

多元治理与现代化工具的整合。干部教育文献中体现的治理能力培养不再局限于传统行政手段，而是融合了国际经验与科技手段。境外培训项目和网络教育平台的推广均体现了治理工具的创新。

（四）为国家长远战略储备治理人才

服务于国家治理的战略性布局。干部教育培训强调"先导性、基础性、战略性"作用，通过分层分类培训为不同阶段的治理目标储备人才。例如，《全国干部教育培训规划（2023—2027年）》是中共中央着眼新时代新征程党的使命任务作出的重要部署，制定实施该规划是为培养造就政治过硬、适应新时代要求、具备领导社会主义现代化建设能力的高素质干部队伍。不仅着眼当前"十四五"规划收官任务，还通过培养年轻干部为"十五五"规划及更长远发展奠定基础。

应对国际竞争与全球治理挑战。干部教育文献中关于"国际规则""全球视野"的要求，通过高校联合培养（如北京大学等13所高校的干部培训基地）和国际组织人才推送机制，为国家参与全球治理储备复合型人才。

（五）强化国家治理合法性与政治认同感

意识形态凝聚与价值共识构建。干部教育文献通过强化马克思主义理论教育和党性教育，巩固干部群体的政治认同感。2023年修订的《干部教育培训工作条例》规定，干部教育培训以深入学习贯彻习近平新时代中国特色社会主义思想为主题主线，确保治理实践与党的理论高度统一。

治理绩效与民众信任的良性互动。干部能力提升直接关联治理效能，进而增强民众对制度的信心。国家治理现代化通过干部教育实现"从人治到法治""从管制到服务"的转型。干部素质提升是改善治理状况、增强执政合法性的关键。

干部教育文献既是中国共产党治国理政经验的结晶，也是推动国家治理实践创新的动力源。干部教育文献的整理与研究对新时代干部队伍建设具有重要的实践意义，通过对干部教育文献的深入研究，我们可以更好地理解新时代干部队伍建设的需求与挑战，为推进国家治理体系与治理能力现代化贡献智慧与力量。其作用不仅在于提升干部能力，更在于通过制度化、系统化的教育培训体系，保障国家治理目标的连贯性、治理工具的科学性和治理效能的可持续性。当前，随着《全国干部教育培训规划（2023—2027年）》等最新文件的实施，干部教育将进一步服务于全面建设社会主义现代化国家的战略全局。

第三章

马克思主义经典作家
干部教育文献考察

一部干部教育史既是马克思主义传播史，也是马克思主义理论教育史。自出现国际共产主义和科学社会主义运动以来，在民族国家范围内，无产阶级政党围绕革命、建设和改革各个历史时期的中心任务，在无产阶级和广大人民群众中进行马克思主义的传播与教育，使无产阶级和广大人民群众掌握马克思主义的世界观和方法论。干部是政党的重要组成要素，干部教育作为一种运用马克思主义的实践活动，使干部的理论水平和思想政治觉悟得到提高，精神面貌和素质能力发生深刻变化，焕发出社会主义革命、建设和改革的主动性、积极性和创造性。无产阶级政党领导革命、建设和改革的历史证明，马克思主义政党的干部教育的科学性、广泛性、持续性和有效性，是社会主义革命和建设事业取得胜利的根本保证。

一、马克思主义干部教育文献研究视角

马克思主义干部教育的产生与马克思主义理论的产生在历史和实践逻辑上是同步的。马克思主义顺应时代要求创立发展的过程，同时也是无产阶级理论教育的形式。通过马克思主义理论教育，对无产阶级政党干部施加理论教育影响，这一过程揭示了马克思主义理论本身的嬗变过程。党的干部教育文献与马克思主义理论文献既有内在同质性，又由于理论教育具有实践性特点，因此与马克思主义理论文献有所区别。马克思主义干部教育与时俱进的历史发展过程，由于自身的特点，以及所处的各种社会经济、政治、文化、科技等具体条件的不同，表现为连续性和阶段性、前进性和曲折性相统一的辩证发展过程。

从马克思、恩格斯、列宁等马克思主义经典作家到中国共产党领导人，干部教育思想既与时俱进又一脉相承。他们对干部教育思想的深刻论述，主要包括对干部教育的必要性和重要性、主要内容和基本思想、目的和意义、地位和作用、主体和客体、原则和方法、根本途径和发展等诸多方面的认识，并且随着时代和实践的发展作出了新的理论创造，不断丰富、完善和发展，形成了完备、严整而又开放的科学理论体系，为马克思主义干部教育研究不断注入时代内容，将党的干部教育事业不断推向前进。研究马克思主义干部教育文献首先要厘清三方面的关系。

一是马克思主义与干部教育的关系。开展干部教育是无产阶级政党的一项伟大实践，是无产阶级政党的根本特点、优良传统和政治优势。在中国共产党的历史上，马克思主义中国化的过程中，对于马克思主义干部教育理论与实践的论述，关系到如何认识干部教育的本质和必要性，关系到无产阶级政党如何开展干部教育实践活动的问题。从无产阶级政党干部教育理论与实践的一般规律出发，根据对马克思主义经典作家的干部教育思想的梳理，可从以下几个方面来认识：从认识主体来看，干部教育是无产阶级政党运用马克思主义理论来教育、武装干部的实践活动；从研究对象来看，干部教育是基础理论的应用层次，所要解决的问题是如何运用马克思主义理论来教育、武装干部的问题，使马克思主义理论转化为认识世界和改造世界的强大精神武器，主要是马克思主义理论的传播、运用和发展问题。

马克思主义与干部教育是相互联系的。一方面，马克思主义理论是干部教育的基础和前提。马克思主义理论是干部教育的内容、根本方法，为干部教育提供文本依据，离开马克思主义理论，就不可能有干部教育。因而，理论把握是干部教育的基础和前提，马克思主义干部教育必须关注马克思主义理论本身，与时俱进，坚持用发展的马克思主义进行干部教育。另一方面，干部教育是马克思主义理论目的得以实现的必要途径之一。马克思主义经典作家都明确地表达过这样的思想，即他们的学说不是理论家在幽静书斋里进行逻辑思辨的结果，而是来自实践又服务于实践，最终为指导革命实践，推进人类向共产主义美好世界发展的。要达到这一目的，即理论指导实践，就离不开理论的教育。可以说，马克思主义的理论离不开马克思主义干部的理论教育。

二是马克思主义理论研究与干部教育的关系。马克思主义理论研究与干部教育的关系，反映到马克思主义经典作家和马克思主义政党的思想中，具体体现为他们对马克思主义的学习、研究，与如何运用马克思主义理论教育干部、发展干部的研究二者之间的关系。马克思主义理论研究与干部教育研究的关系是由马克思主义与干部教育的关系决定的。在研究对象上，马克思主义干部教育注重的是理论的教育；在研究任务上，以探讨马克思主义干部教育的规律为主要任务；在学科属性上，兼有基础理论和应用研究的双重性质，其中，应用研究的性质更为突出。因为干部教育理论研究虽然重视马克思主义理论研究并以此为前提，但更主要的是研究干部教育的规律，即马克思主义理论是如何更好地为教育对象所接受，从而转化为他们良好的思想品德和素质能力。

马克思主义理论教育是干部教育的核心和基础。首先，干部教育是一个政治范畴，是指在马克思主义政党中运用马克思主义观念、政治观点、道德规范，对干部施加有目的、有计划、有组织的影响，使其形成符合马克思主义政党所要求的思想品德和素质能力的政治实践活动。其次，干部教育是一个历史范畴，干部教育是人类社会出现阶级或阶层分化以后才产生的，随着无产阶级政党的发展而与时俱进、发展变化。最后，干部教育是一个社会范畴。干部教育属于教育活动。到了共产主义社会，具有政治属性的干部教育转化为具有一般性质的思想工作。因此，干部教育本质上是马克思主义理论教育，一般而言的干部教育就是思想政治工作，核心是理论教育，即政治观点、政治立场、政治方向等方面的教育。

三是从学科之间的相互关系角度来看，干部教育是政治学与教育学的交叉学科。干部教育研究的是马克思主义政党干部教育的规律，属于马克思主义理论学科，是政治学。同时，它还研究干部教育的教育规律，是教育学。二者的结合构成了中国共产党的干部教育学的特殊对象。政治学与教育学的结合，理论研究与实践研究的结合，基础研究与应用研究的结合，是干部教育的研究视角。在内容上，干部教育的内容理论性、系统性更强；在对象上，干部教育的对象相比一般对象要求更高，一般教育的效果受到教育对象性质的影响，干部是具备能够接受马克思主义理论的文化知识的人，干部的文化程度影响教育活动的效果；在教育目的、教育方法及教育主体上，干部教育也表现出与一般思想理论教育活动不同的特点。

二、马克思恩格斯以报刊、书信等文本为载体进行的干部教育活动

马克思主义干部教育是伟大的实践过程，除需要遵循一定的教育

原则和采取有效的培训方法之外，还需要通过一定的载体才能正常开展。载体是干部教育过程中不可缺少的重要因素之一。干部教育内容的实施、活动的开展、任务的完成，都离不开一定的载体。干部教育的载体，是指能够承载和传递干部教育的内容或信息的形式，它是联系干部教育主体和客体的中介。干部教育的目标要靠教育的载体去实现，干部教育的内容要靠教育的载体去传递。

文本是马克思主义干部教育思想的一个重要载体，它制约和影响着干部教育活动的开展，因此有必要深入地进行研究和挖掘。在马克思、恩格斯等马克思主义经典作家生活的时代，由于受到生产力发展水平的限制，科技水平还不很发达，开展干部教育主要以印刷媒介载体为主，包括报纸、杂志、书籍等。这些载体主要是借助文字符号进行传播。印刷媒介的出现是人类传播史上的一次巨大革命。人类的思想宝库，正是通过印刷媒介发挥着越来越重要的作用。报刊、书籍遍及我们生活的每个角落，人们对社会政治生活、经济生活、文化生活的了解无不依赖于此。

（一）以报刊、书信等文本作为马克思主义干部教育载体的依据

报刊是开展理论教育的重要载体，是马克思主义干部教育文献的前身。这主要是从报刊具有阶级和党派属性，报刊承载着阐述党的政治纲领和用科学理论武装工人的使命等角度进行分析的。

首先，作为干部教育文本的报刊具有阶级和党派属性。从政治属性分析报刊的活动和报道是理解马克思主义干部理论教育载体思想的重要方面。马克思和恩格斯很注重对报刊进行阶级分析和党派属性的

判断，承认报刊与政治有较为密切的关系。但是，他们从未说过报刊的每篇报道、每项活动都与阶级、党派有关，都具有政治性质。报刊自身的利益，特别是经济利益通常决定着报刊的政治态度。正因为报刊具有阶级和党派这种属性，才能被用来传播和宣传马克思主义，才能起到教育无产阶级和广大人民群众的作用，才能唤醒他们的阶级意识，从而团结起来，最终达到推翻资本主义、实现共产主义的目的。

19世纪中后叶，欧美工业发达国家的大众媒介正处于从政党报刊时期向商业报刊时期的转变过程中，一方面许多报刊仍存在党派属性，另一方面商业性报刊逐渐替代政党报刊而占据大众媒介的主导地位。这种情形决定了恩格斯不得不经常在政治利益和商业利益的交织中考察具体报刊的党派倾向。鉴于报刊与现实运动，特别是与政治变动有着天然的职业上的联系，因而恩格斯认为俄国流亡者巴枯宁提出的要求报刊放弃政治的主张是荒谬的。恩格斯指出，"革命是政治的最高行动"[1]，所以无产阶级不应该也不可能放弃政治，并以巴黎公社的惨痛教训警醒人们，工人阶级一定要有自己独立的巩固的政党，要"有自己的目的和自己的政治"[2]。这里涉及三层含义：第一，报刊与政治有联系。第二，报刊与政治不是一回事。二者既有联系又有一定距离，因而存在怎样从事政治和从事到什么程度的问题。第三，报刊与政治的关系要根据具体情形而定。不存在报刊必须与政治关联或报刊放弃政治等先验的"规定"。

其次，文本载体在马克思主义传播与发展中具有特殊使命。马克思和恩格斯把报刊看作党与无产阶级、工人群众之间的精神导线，视

---

[1] 恩格斯：《关于工人阶级的政治行动》，《马克思恩格斯选集》第3卷，人民出版社1995年版，第123页。

[2] 同上书，第124页。

为灌输理论、教育工人、组织队伍的重要手段。"报刊的首要任务就是破坏现存政治制度的一切基础。"① 正因为报刊具有阐述党的政治纲领的特殊使命，才成为干部教育的重要载体的前身。

关于党报使命的认识，是对民主报刊和工人报刊的使命的认识的有机发展。在《莱茵报》和《新莱茵报》这两个阶段，强调了报刊的首要任务是教育和团结自己队伍的成员和同盟者，揭露和抨击敌对阶级。在指导党报工作的实践中，随着工人政党反对机会主义斗争的不断深入，恩格斯指出，党报不仅要继续同敌对阶级作斗争，还要以很大精力揭露和抨击形形色色的机会主义思潮，反对机会主义分子的活动。这也表明党的报刊作为党的武器和阵营，其首要使命是阐述党的政治纲领，高举党的旗帜，党的政治纲领既是党的旗帜也是党报的灵魂。

在建党时期，办好党的刊物主要就是用刊物作为普及科学原理、进行理论斗争的阵地。恩格斯对《新时代》的关心和帮助，是其中最突出的例子。这家杂志科学宣传的重点是历史和经济，是德国社会民主党最著名的理论月刊。它发表了马克思和恩格斯的20多篇科学著作，其中重要的有《哥达纲领批判》《政治经济学批判大纲》《路德维希·费尔巴哈和德国古典哲学的终结》《德国的社会主义》《法国农民问题》等。

最后，用科学理论武装工人需要通过文本载体。普及科学原理，开展理论教育和理论斗争，是党报实践中提出的党报的一个重要使命。工人政党面临同各种机会主义派别进行理论斗争的复杂任务。在蓬勃前进的无产阶级运动中，工人越来越需要社会主义的科学原理。各国

---

① 马克思、恩格斯：《"新莱茵报"审判案》，《马克思恩格斯全集》第6卷，人民出版社1961年版，第278页。

党的干部的理论修养和党报工作者的理论素质，同飞速发展的斗争形势和他们所面临的严重任务有很大的距离。这一切都要求党报应把理论宣传放在重要地位，下大力气认真搞好。

当党的组织和党的报刊在同机会主义者进行理论斗争而需要马克思和恩格斯帮助时，不管工作多忙、科学研究的任务多繁重，抑或身体有病和杂事缠身，他们每次都毫不犹豫地答应并立即投入工作。19世纪70年代中期，德国社会民主党的多数领袖一度沉溺于"杜林热"，党的报刊已经准备以通俗的形式向工人散布这个"学说"。在马克思的支持下，恩格斯应党的召唤，中断了自己手头的写作，在党的机关报刊《前进报》上发表了《反杜林论》。党报通过恩格斯的理论著作，帮助党的干部和工人群众学习和掌握共产主义世界观，肃清杜林主义的影响。

马克思和恩格斯十分关心党报的理论宣传，也以同样的热情指导和帮助各国工人党报做好普及科学原理的工作。"反社会党人非常法"废除以后，德国工人运动和党的队伍有了很大发展，但新党员的理论水平很低。恩格斯认为，这是一个不可忽视的危险。他指出，在实施"反社会党人非常法"的条件下，这些新同志没有可能充分阅读书报和听到鼓动，所以没有达到老党员的水平。他们之中很多人只有善良的愿望和美好的意图，"可是大家知道，这往往会把人引入地狱"，为此，他建议加强对这些"新人"的培养和教育，方法就是在党的报刊和日常鼓动中增加科学原理的成分。《工人报》刊登了《论权威》等文章，让意大利工人阅读。对英国、法国、俄国等国家的工人党报，马克思和恩格斯也为之撰写各种理论文章，或者将自己的科学著述提供给其发表。

综上分析，阐述和贯彻党的政治纲领、监督党的领导和批评他们的错误、用科学原理武装工人和干部，是党的报刊的三个主要使命，也是马克思和恩格斯投身党报事业进行教育所做的三项主要工作。马克思主义经典作家以报刊、书信等文本为载体开展理论思想教育，宣传科学共产主义理论，指导各地的革命斗争，坚定无产阶级的革命信念，唤醒他们的阶级意识、鼓舞他们的革命斗志，以此来推动马克思主义理论教育。

（二）以报刊为载体开展干部教育的概况

报刊（特别是日报）是马克思、恩格斯时代唯一的传播新闻的大众传播载体。马克思、恩格斯不仅是伟大的无产阶级革命家、思想家、理论家，还是卓越的无产阶级报刊活动家，是无产阶级新闻事业伟大的实践者。作为无产阶级革命家的政治活动，始终伴随一系列有声有色的报刊活动。在长达半个世纪的革命岁月中，马克思、恩格斯创办、主编4种报刊，协助创办、参与编辑5种报刊，指导编辑方针的报刊达10种，此外，还为60余种报刊撰稿、提供科学著作和文件，有很多报纸发表过他们的声明，转载过他们的文章。[①]他们写的2000余篇文章和著作，有80%在世界120多家报刊上发表。他们通过自己撰写大量的文章、发表著作、写作书信，开展马克思主义理论教育，以期唤醒无产阶级的革命意识，使他们投入到为共产主义伟大事业而奋斗的革命活动中。

马克思、恩格斯将报刊活动、革命活动和理论教育活动融为一体。报刊是开展干部教育的重要载体，其报刊活动的主要内容是创办和指导民主报刊、工人报刊、无产阶级政党报刊。其主要目的是揭露封建

---

① 童兵：《马克思主义新闻经典教程》，复旦大学出版社2002年版，第54页。

专制制度的专横，揭露资产阶级的叛卖；组织和发动人民革命，启迪和教育人民群众投入反封建的革命斗争，投入反对资产阶级叛卖社会主义的运动；揭露和批判社会主义运动中形形色色的机会主义思潮；宣传共产主义运动，指导无产阶级及其政党推进无产阶级革命和国际共产主义运动。

马克思、恩格斯始终未在安定舒适、真正自由的社会里从事过报刊活动。他们面对专横愚昧的普鲁士政府和背信弃义的资产阶级政客，面对资产阶级报刊，特别是面对"真正的社会主义"、蒲鲁东主义、巴枯宁主义、拉萨尔主义和工联主义等工人运动内部的机会主义派别，在备受诽谤谩骂、传讯驱逐、四处流亡和内外攻击的环境中，以大无畏的革命胆略、不屈不挠的坚毅精神和机动灵活的斗争策略，同普鲁士政府对抗、与资产阶级周旋、和资产阶级报刊较量、跟机会主义分子交锋。坚持原则，绝不妥协；坚持办报，绝不停笔。以卓越的工作和斗争，扶植与指导无产阶级报刊不断成长、壮大，使报刊成为传播马克思主义、开展理论教育的重要载体。

其中，恩格斯通过主编和创办革命报纸杂志，撰写文章和小册子进行马克思主义的理论宣传和理论教育。恩格斯的名字是同一连串报刊紧密联系在一起的，他的一生同各种报刊建立了广泛的联系。他是《新莱茵报》《政治经济评论》等报刊的编辑，是《德意志电讯》《知识界晨报》等报刊的撰稿人，是《莱茵报》《北极星报》等报刊的通讯员，是《德意志－布鲁塞尔报》《雅典娜神殿》等报刊的记者，是《派尔－麦尔新闻》《军事总汇报》等报刊的专栏作者，是各国社会主义报刊和党报的指导者。与恩格斯联系紧密的报刊还有《不来梅杂谈报》《不来梅市信使报》《爱北斐特日报》《知识界午夜报》等。他在这些报刊上发表了许多政论、文评、诗作，积极参与报刊的讨论。弗·奥斯渥特是他常用的笔名。直至逝世前几天，他还询问奥地利《工人报》的出版情况，在勤勤恳恳的"笔头工作"中度过了光辉的一生。

就是在这种报刊活动和指导报刊工作的富有成效的实践中，马克思和恩格斯早期思想实践和理论教育活动成为干部教育实践的前身。下面，我们沿着历史线索，对马克思、恩格斯的报刊实践及这种实践怎样推动干部教育活动的开展，作一番梳理。

第一，《莱茵报》是唤醒工人阶级革命意识和开展教育的重要载体。1838年夏天以后，恩格斯开始利用学习经商的业余时间，撰写文学作品。同《不来梅市信使报》《不来梅娱乐报》《不来梅杂谈报》建立了联系。此外，他还在《知识界晨报》《古登堡纪念册》上发表文章。恩格斯还同青年德意志运动有了接触，并开始为其机关报《德意志电讯》撰稿。他的第一篇政论《伍珀河谷来信》就发表在《德意志电讯》上，引起了社会各阶层的强烈反响。恩格斯在文章中无情地揭露虔诚派教士的反理性本质，呼吁社会关注劳苦群众非人的生活状况，指出工人阶级遭受苦难的责任在于工厂主。恩格斯的这篇犀利文章刺痛了当权者，一家报社的主编曾就文章披露的材料是否可靠同恩格斯发生了争执。为此，恩格斯围绕理论教育要以事实为基础第一次发表了自己的独特见解，提出了关于如何开展理论教育问题的看法，鲜明地表示对思想禁锢政策的反对立场。接着，恩格斯又作为撰稿人或通讯员先后为《莱茵报》《新道德世界》《德法年鉴》《前进报》《社会明镜》等十几家进步报刊撰稿。《莱茵报》时期是恩格斯报刊活动的最初阶段。这一时期，他决心自觉地利用报刊向封建专制制度开火，向旧世界宣战。他把目光投向备受旧制度迫害的贫苦群众，把报刊看作被压迫群众辩护的"英勇喉舌"，看作唤醒工人阶级革命意识和开展教育的重要载体。

第二,《新莱茵报》开创了无产阶级通过报刊进行教育的革命传统。《新莱茵报》时期是马克思和恩格斯作为共产主义战士直接投身革命运动,领导群众斗争的光辉时期。这是他们一生革命活动的中心点,也是他们报刊活动的黄金时期。这一时期他们的报刊活动以改造《德意志－布鲁塞尔报》和共同创办《新莱茵报》《政治经济评论》为主要内容。这一时期,他们与英、法、德等国的社会主义者和进步人士建立了广泛联系,为建立无产阶级政党积极工作。《新莱茵报》作为无产阶级革命分子团结的中心,指导着无产阶级革命家的活动,给他们指出政治斗争的方向,其中发表的马克思和恩格斯的文章则是最好的革命宣传材料和理论教育材料。当时,在德国各地进行活动的共产主义者同盟盟员都成功地利用了这些材料。《新莱茵报》在贯彻马克思主义创始人在德国革命中的策略路线方面起着重要的作用。马克思和恩格斯有系统地在报上发表的文章,不但教育了德国民主派和革命工人的先进集团,而且教育了该报的编辑人员和撰稿人本身,扩大了他们的政治眼界,帮助他们分析革命的各种复杂问题,使他们能够从历史唯物主义的立场来思考当前的政治事件,学会根据无产阶级的利益来确定自己对这些事件的态度。可以说,《新莱茵报》时期是马克思和恩格斯报刊活动最重要的时期。通过这一时期的实践,他们积累了无产阶级报刊的办报经验,报刊也成为理论传播的重要载体。

第三,运用报刊在欧洲反动时期传播马克思主义。1848—1849年欧洲革命失败至1864年9月第一国际成立,是工人运动的低潮时期。在这一时期,马克思和恩格斯以很大精力从事理论研究,为无产阶级在未来革命中铸造理论武器,同时继续在极其困难的情况下运用报刊传播马克思主义。这一时期的活动大致从以下三个渠道进行:一是为宪章派报刊撰稿,这些报刊主要有《寄语人民》《人民报》。二是马克思和恩格斯的拥护者在北美出版的报刊上撰稿。克路斯和魏德迈是在美国传播马克思主义的先驱，他们在报刊上宣传科学共产主义思想。三是利用资产阶级报刊发表体裁广泛的文章。这种报刊很多，如《纽约每日论坛报》《新奥得报》等。在欧洲反动时期，马克思和恩格斯结合报刊实践着重探讨下列报刊理论：从经济规律剖析资产阶级报刊的实质和特征，剖析资产阶级出版自由的本质和特征，关于资产阶级报刊和资产阶级出版自由的策略原则。通过对以上问题的探讨，让广大无产者更加深刻地认清资产阶级的本质，从而坚定推翻资本主义的决心，可以说，这种理论教育的力量是深远的。

第四，报刊在革命活动中发挥重要作用。19世纪60年代，欧美工人运动风起云涌，各个国家的工人阶级相继建立起自己的政党。政党既是理论教育者又是受教育者，所以对政党的指导和帮助就成为这一时期的重要革命活动。第一国际的创立和发展极大地促进了工人报刊的发展，这时欧美各个国家的工人组织几乎都有了自己的报刊，出版的各类定期刊物达100多种。著名的有英国的《蜂房报》《工人辩护士报》《国际先驱报》、法国的《政治和社会革命报》《劳动者》、奥地利的《人民呼声报》《维也纳工人报》、美国的《工人报》等。这些报刊刊登国际文件，宣传国际路线，同各种错误思潮和敌对势力展开斗争，在国际工人运动中发挥了强大的组织作用和积极有效的宣传作用。1875年，爱森纳赫派和拉萨尔派在哥达城召开合并大会并通过共同纲领（哥达纲领），宣告建立统一的德国社会主义工人党（也称德国社会民主党）。1876年10月，《前进报》作为合并后的党中央机关报在莱比锡城出版。马克思和恩格斯对该报表现出极大的热情，除坚持为该报撰稿外，还积极帮助报纸解决编辑和出版中的各种问题。恩格斯著名的《反杜林论》就是在该报陆续发表的，这对用马克思主义武装德国工人阶级起到了重要作用。

第五，《社会民主党人报》等机关报刊活动。从19世纪70年代末到19世纪90年代中，这一时期欧洲各国工人运动继续蓬勃发展，马克思主义在欧美大陆得到广泛传播，理论教育开展得如火如荼，而各种机会主义思潮对工人运动的影响依然有增无减。马克思和恩格斯在这一时期继续指导各国工人政党开展同机会主义的斗争。马克思逝世后，恩格斯义不容辞地担负起了捍卫马克思主义和指导国际共产主义运动的使命。这一时期的报刊活动以指导《社会民主党人报》和《新时代》等德国社会民主党的机关报刊及欧美各国工人报刊为主要内容。

对马克思和恩格斯报刊活动的回顾表明，马克思主义经典作家把报刊作为争取、教育无产阶级及广大人民群众的重要阵地和有力武器。马克思主义干部教育的载体思想是对报刊实践经验进行理论总结的有机组成部分。以报刊为中心，马克思和恩格斯团结了当时共产主义运动中最优秀的分子，以办报刊为形式形成了一个坚强的领导核心，领导了德国和其他国家的革命斗争。正是长达半个世纪报刊的丰富实践，丰富和发展了马克思主义干部教育的载体文本。

（三）以书信为文本开展干部教育的概况

对工人阶级开展教育，马克思和恩格斯除通过大量的不朽的科学著作这种方式外，还撰写了大量的书信。这些书信在一定程度上反映了他们所创立的唯物史观形成和发展的整个历程，在马克思主义唯物史观发展史上占有极为重要的地位，是对无产阶级进行理论教育的重要载体，也是马克思主义干部教育学说的重要文本内容。

《马克思恩格斯全集》统计，马克思和恩格斯共撰写了1700余篇

（部）文章（著作），其中政论、通讯和消息约750篇，占总数的45%；论战性文章260篇，占总数的16%。《马克思恩格斯全集》收入他们写的信件4000余封，^①从他们踏上革命工作岗位直至逝世的半个多世纪里，无论工作怎样繁忙、斗争怎样尖锐、生活怎样困苦，几乎每天都在写作、耕耘。这些书信为无产阶级及后来者学习和研究马克思主义提供了宝贵的文献。列宁曾说："从这些书信中读者清晰地看到的不仅是马克思和恩格斯二人的风貌。在这些书信中，马克思主义的极其丰富的理论内容阐述得非常透彻，一目了然，因为马克思和恩格斯反复谈到他们学说的各个方面，同时对最新（就与先前的观点比较而言）、最重要和最困难的问题加以强调和说明。"^②这些书信对"马克思主义文献是一种必不可少的补充"^③，因而通过书信的形式学习和宣传马克思主义，对帮助无产阶级完整准确地理解历史唯物主义，具有重大的意义。

从19世纪40年代初期，恩格斯世界观发生转变算起，一直到恩格斯逝世，50余年，恩格斯从未间断过与别人的书信来往。19世纪40年代，无产阶级登上世界政治舞台，国际共产主义运动最初发动的时候，通过大量的书信，建立和加强了同德国、法国、比利时、英国等国工人运动和社会主义运动领导人如巴·瓦·安年柯夫、魏德迈、拉萨尔、卢格、蒲鲁东、丹尼尔斯、布兰克等的密切联系，并通过共产主义通讯委员会、德意志工人协会和科伦民主协会的内部通信，和这些组织的负责人密切交流思想，对他们进行新思想的宣传和科学共产主义理论的启蒙教育，极大地促进了各国工人运动和民主运动的开展。随后，

① 童兵：《马克思主义新闻经典教程》，复旦大学出版社2002年版，第54页。
② 列宁：《马克思和恩格斯通信集》，《列宁全集》第24卷，人民出版社1990年版，第275页。
③ 列宁：《〈约·菲·贝克尔、约·狄慈根、弗·恩格斯、卡·马克思等致弗·阿·左尔格等书信集〉俄译本序言》，《列宁选集》第1卷，人民出版社1995年版，第709页。

恩格斯又同英国宪章派左翼领导人哈尼建立了经常的通信联系,同正义者同盟的领导人卡·沙佩尔、约·莫尔、亨·鲍威尔等保持了经常的书信联系。在他和马克思的努力工作下,正义者同盟改组成共产主义者同盟。恩格斯在共产主义者同盟中,通过书信团结教育了一大批工人阶级的优秀代表,培养了一批社会主义活动家,这也是马克思主义干部教育早期活动的重要形式之一。

马克思和恩格斯的全部书信,反映了一个完整的时代,勾画出整个马克思主义产生、成长和发展的历史,反映了参与并领导全世界无产阶级革命的过程。19世纪80—90年代,马克思和恩格斯不但保持了以前共同建立的通信来往,而且建立了很多新的通信关系。这些书信,鼓励各个国家的革命者,把科学理论和他们本国的具体情况结合起来,反对他们用教条主义的方法套用马克思主义。也从掌握的大量各国的具体情况中,提出解决革命的重大问题的意见,有力地指导了各国的革命运动,同时生动地反映出他们从事科学和学术活动的全过程,再现了他们顽强学习、刻苦研究、不怕任何困难、勇于牺牲个人利益、敢于攀登科学高峰、向往未来、追求真理的坚强决心和高大无比的光辉形象。

马克思和恩格斯的书信,除具有研究他们的生平事迹、研究国际共产主义运动史的作用外,还特别具有研究马克思主义科学本身及研究马克思主义干部教育的极为重要的价值。列宁非常认真地研读了马克思和恩格斯的书信,高度评价了书信的科学价值。列宁指山:"如果我们试图用一个词来表明整个通信集的焦点,即其中所抒发所探讨的错综复杂的思想汇合的中心点,那么这个词就是辩证法。运用唯物主义辩证法从根本上来修改整个政治经济学,把唯物主义辩证法运用于历史、自然科学、哲学以及工人阶级的政治和策略——这就是马克思和恩格斯最为关注的事情，这就是他们作出最重要、最新的贡献的领域，这就是他们在革命思想史上迈出的天才的一步。"[1]

　　理论教育的目的和对象，是马克思主义经典作家在领导或从事理论教育时考虑采用何种理论教育载体的依据。例如，是要较快地产生影响还是达到深层次的影响，对象是文化人还是普通公众，等等。由于理论教育对象的差异，马克思强调："决不能把报上发表的讲演稿同口头讲话混淆起来。"[2] 恩格斯也说："在讲台上和在口头争论中适用的和惯用的东西，有时在报刊上则是根本不容许的。"[3] 在《关于共产主义者同盟的历史》中，恩格斯谈到他和马克思由于"同伦敦的盟员经常保持通讯联系"，所以即使"不参与同盟的内部事务，但仍然知道那里发生的一切重要事件"[4]。此外，"通过口头、书信和报刊，影响着最杰出的盟员的理论观点"[5]，而当"问题涉及当时正在形成的共产党内部事务的特殊场合，向世界各处的朋友和通讯员分发各种石印通告"[6]，也是为了理论教育，表明了马克思和恩格斯对理论教育载体的作用的充分肯定。

---

　　① 列宁：《马克思和恩格斯通信集》，《列宁全集》第24卷，人民出版社1990年版，第276页。

　　② 马克思：《议会状况》，《马克思恩格斯全集》第11卷，人民出版社1962年版，第10页。

　　③ 恩格斯：《致爱·伯恩施坦》，《马克思恩格斯全集》第35卷，人民出版社1971年版，第443页。

　　④ 恩格斯：《关于共产主义者同盟的历史》，《马克思恩格斯选集》第4卷，人民出版社1995年版，第198页。

　　⑤ 同上。

　　⑥ 同上。

第四章

新民主主义革命时期中国共产党
干部教育文献

新民主主义革命时期是党团结和带领人民群众进行反帝反封建、争取民族独立和人民解放的时期。这一时期党的干部工作经历了一个从无到有、从摸索前行到日益成熟的过程，培养和造就了一支能坚决贯彻执行党的理论和路线的高素质干部队伍，为革命的胜利提供了坚强的保障。从党的历史来看，在20世纪20年代前，早期马克思主义者对马克思主义理论的传播，对促进全党指导进行伟大的事业奠定了初步的思想基础，成为党的干部教育实践的前身。经过大革命的洗礼、土地革命战争的磨炼和抗日战争的锻造，在延安时期全党整风运动的基础上，中共中央下发的《关于干部学习的指示》，以及中共中央政治局通过的《中共中央关于在职干部教育的决定》，为全党树立了以马克思主义为指导，在党的干部教育实践中总结形成了一套成功的经验，确立了干部教育第一位的方针，是中国共产党干部教育历程的一个创新。

一、实践历程

建党初期和大革命时期，中国共产党在艰苦卓绝的环境中始终将干部队伍的教育培养工作置于重要位置。《中国共产党第一个决议》提出，"因工人学校是组织产业工会过程中的一个阶段，所以在一切产业部门均应成立这种学校"，"工人学校应逐渐变成工人政党的中心机构"。学校的基本方针是提高工人的觉悟，使他们认识到成立工会的必要。①这是我党首次系统阐释干部培养理念的文献记载。在中共早期组织建设进程中，1921年8月，毛泽东于湘江之滨创立湖南自修大学，致力于马克思主义思想传播与革命干部队伍的培育。随后，京沪鄂湘等主要省份陆续开设工人文化补习夜校等政治教育机构，着力培养党组织核心成员。1924年5月，中共中央执行委员会扩大会议指出："党内教育的问题非常重要，而且要急于设立党校养成指导人才。"这是在党的历史上第一次明确提出设立党校。同年12月，安源地方委员会创办了党史记载的首个正规化党校——安源党校，开创了系统化干部培训的先河。1925年1月，党的第四次全国代表大会决议着重提出要设立党校，对党员实施系统化培养。同年10月，党的第四届执行委员会第一次扩大会议决定设立两类党校：一类是"地委之下的普通党校"，其主要任务是培训工人党员；另一类是"区委之下的高级党校"，旨在培养政治素养较高且具备一定工作经验的党员。各地党组织先后开办了高级党校和初级党校。在此政策推动下，1925年10月，中共北方区委党校在京畿地区率先成立；1926年1月，湘江之畔的湖南区委党校、长三角地区的江浙区委党校相继创立；随后，粤港地区的广东区委党校与武汉地区的"两湖"党校陆续投入运作；同年下半年，中共上海区委党校开学。在大革命时期开展的这些工作，为轰轰烈烈的反帝反封建大革命作出了贡献，这些早期党校虽存续时间有限，却淬炼出大批党员骨干和工人党员。面对工农运动与军事人才缺口，各地创造性地设立了农民运动训练班、妇女运动训练班、讲习所等多元教育载体，并组织、选派党员、团员报考军事院校，特别是国共合作设立的广东农民运动讲习所和黄埔军校，更成为锻造革命军事力量的摇篮，培养了大批军事人才。大革命时期的培训教育活动，既为反帝反封建斗争

---

① 中央档案馆：《中共中央文件选集》第1卷，中共中央党校出版社1989年版，第7页。

输送了生力军，又为第二次国内革命战争时期党领导的农村游击战争播撒了革命火种。

土地革命战争时期，在革命风暴席卷大地的烽火岁月里，以毛泽东同志为代表的共产党人，以非凡智慧提出了土地革命、武装割据及农村包围城市的战略方针路线，将土地革命火种播向广袤乡野，在理论与实践双重维度实现了"农村包围城市"的战略创举，为中国革命照亮了通向胜利的航标。同时，我们党深刻认识到思想建党的重要性，明确提出了着重从思想上建党的任务。在井冈山革命根据地，我们党创办了国防大学的前身——工农革命军军官教导队。与此同时，还举办了党团训练班，对党员和干部进行军事培训，并加强政治和文化教育。1933年3月，中央根据地创办马克思列宁主义学校，主要培养党、政、工会的干部；先后创办了瑞金列宁师范学校、中央列宁师范学校、江西第一短期师范学校、列宁团校、职工运动高级训练班、中央农业学校、高尔基戏剧学校等，培养各方面技术人才与干部。同时创办各类红军学校，如中央军事政治学校（后改为中国工农红军学校）及军队专业学校，大力培养军事人才。其中，"联系革命战争、联系生产劳动、联系群众"的干部教育原则，为延安时期干部教育的发展与成熟奠定了基础。

在抗日战争时期，随着毛泽东思想逐步被确立为全党的指导思想，党的干部教育培训思想也日益成熟和完善。从1937年1月至1945年8月，全国各抗日根据地和敌后解放区先后成立了干部学校48所，仅延安及其周围地区创办的干部院校就达32所（中央党校、抗大、陕北公学等），这些学校培养了数以万计的干部。自延安整风运动至党的第七次全国代表大会，全党紧密结合中国革命的具体实践，深入剖析了革命战争与党的建设过程中的成败得失，总结正反两方面经验，认真学习贯彻马克思列宁主义理论。我们党提出"干部教育第一"的方针，明确将"以研究中国革命实际问题为中心"作为教育培训工作的重心。1939年2月，中共中央专门成立了干部教育部，领导和组织全党干部教育工作，包括干部学校和在职干部教育。同时，将马克思的诞辰5月5日定为干部学习节，在全党开展学习竞赛。根据干部需求设置教育培训内容与学分，形成干部在职教育和学校教育相结合的干部培训格局。中共中央带头成立高级学习组，各级领导干部兼任干部院校教员。毛泽东同志亲自担任抗大教育委员会主席，为学员讲授辩证唯物论，每周讲两次，历时3个月，授课110多个小时。毛泽东同志的《矛盾论》《实践论》《论持久战》等成为干部培训教材，《改造我们的学习》《整顿党的作风》等是为学员和延安高级干部会议作的报告。在此时期，我们党十分重视调查研究和学以致用，强调"教、学、做"相统一，学习、生产与战斗相结合。1941年12月，中共中央下发《关于延安干部学校的决定》，指出"在教学方法中，应坚决采取启发的、研究的、实验的方式"。延安时期，党的干部教育工作不仅实现了常态化与持续性的发展，还在教育培训的指导原则、内容设置及方式方法等方面展现出巨大的创新活力。

在解放战争的峥嵘岁月里，干部培育的重点聚焦采用标准化、体系化的政治理论教学模式，并辅以广泛而深入的业务知识与技能培训，旨在造就一支能够高效领导国家与军队事务的高素质人才队伍。1948年10月，毛泽东起草的《中共中央关于九月会议的通知》强调，夺取全国政权的任务，要求我党迅速、有计划地训练大批能够管理军事、政治、经济、党务、文化教育等各项工作的干部。1949年3月，党中央召开七届二中全会，决定出版包括《共产党宣言》等马列著作在内的一套干部必读丛书，并要求全党认真学习。

二、主要文献

（一）《中国共产党第一个决议》

1921年7月，中国共产党在上海召开了第一次全国代表大会。大会通过党的第一个纲领，明确了党的根本任务并规定："我党采取苏维埃的形式，把工农劳动者和士兵组织起来，宣传共产主义，承认社会革命为我党的首要政策。"党的一大要求全党继续努力宣传马克思主义，使更多的人接受马克思主义并投入到革命工作中。宣传马克思主义的主要途径是出版、发行更多的共产主义普及刊物。党的一大通过的《中国共产党第一个决议》确定：党的基本任务是成立产业工会，派出一批党员领导工人成立工会，成立工人夜校，在工人中大力宣传马列主义，启发工人的阶级觉悟，推动工人运动的发展。各行业领导者，有阶级觉悟的工人和党内的同志，要组成"劳工组织讲习所"，教授组织产业工人的正确方法，"训练从事我党实际工作的工人"。决议提出："因工人学校是组织产业工会过程中的一个阶段，所以在一切产业部门均应成立这种学校"，"工人学校应逐渐变成工人政党的中心机构"，"学校的基本方针是提高工人的觉悟，使他们认识到成立工会的必要"①。

---

① 中央档案馆：《中共中央文件选集》第1册，中共中央党校出版社1989年版，第7页。

（二）《湖南自修大学组织大纲》

1921年8月16日，毛泽东同志在湖南《大公报》上发表了《湖南自修大学组织大纲》，阐明学校的宗旨是"发明真理，造就人才"。组织大纲共13章32条。对宗旨及定名、校董会、学员及办事员、通讯员、学友、研究、劳动、图书馆及实验室、成绩表示、经费、校舍、分院及海外部、自治规约及本大纲修改等内容作了规定和说明。同时，毛泽东同志又起草了《湖南自修大学创立宣言》，并在《湖南自修大学创立宣言》中对这一宗旨作了详细阐发，指出：①书院与学校均有极严格的程限，使一些本为优才的有志青年因入学考试见遗而断了向学的路，自修大学则是凡有志向学者均可入学；②书院与学校使学术为少数"学阀"所专，自修大学则打破学术秘密，务使公开，使每人都可取得一部分；③读书院和学校非阔家不行，自修大学则不须多钱，可以求学。这一办学宗旨紧紧抓住了大批好学向上的青年的心。

（三）中共中央执行委员会扩大会议关于"设立党校养成指导人才"的指示

1924年，为强化党的组织建设，中共安源地委响应中共中央执行委员会扩大会议关于"设立党校养成指导人才"的号召，与青年团安源地委共同创立了安源党校（也称团校）。该校首期学员由安源党组织和共青团组织各选派30人组成，分为初级班和高级班，由刘少奇、汪泽楷、任岳、萧劲光等担任教师。课程内容包括政治经济学基础（瞿秋白、王伊维翻译的《政治常识》）、俄罗斯共产党历史及青年运动史。刘少奇与教师们共同编写了易于理解的教材，并亲自授课。在一次课堂上，刘少奇用工人生产袜子的实例阐释了马克思的剩余价值理论，生动地揭示了资本家对工人的剥削本质，从而提升了工人们的政治觉悟。工人们纷纷表示："校长讲得好极了，像是给我们心中点燃了一盏灯。"安源党校不仅为党培养了一批人才，也为党组织输送了干部，显著增强了党的战斗力。

（四）党的第四次全国代表大会提出"设立党校有系统地教育党员"

1924年5月15日至19日，中国共产党在上海召开了第三届中央执行委员会第一次扩大会议。会议指出，"党内教育的问题非常重要，而且要急于设立党校养成指导人才"。1925年1月11日至22日，中共在上海召开了党的第四次全国代表大会，提出"设立党校有系统地教育党员"，"增进党员相互间对于主义的深切认识之必要"。同年9月28日至10月2日，中共第四届中央执行委员会第二次扩大会议在京召开，明确指出开办各地党校是一项重要的工作，其中规定高级党校"毕业期限不要过三个月"。此时，北方区委全区党员共有253人，为了轮训党的部分干部，中共中央决定在北京开办高级党校。1925年10月，中央委员、中共北方区委书记李大钊亲自创办的中共第一所高级党校——中共北方区委党校开学。开学典礼上，李大钊勉励大家抓紧时间学习，结业后奔赴革命斗争的前线。该班最后一课是李大钊讲的"土地与农民"，提出"耕地农有"，强调依靠农会和建立农民武装的重要性。这篇演讲稿于1925年12月30日至1926年2月3日，在《政治生活》上发表。后来，毛泽东同志把它收入农民运动讲习所编的《农民问题丛刊》，作为教材。

（五）《中国共产党红军第四军第九次代表大会决议案》

1929年12月28日至29日，中国共产党红四军第九次代表大会在福建省上杭县的古田村召开，这次会议提出的关于红军教育的思想和方法，对军队和整个干部教育具有重要启示。会议通过了毛泽东主持起草的《中国共产党红军第四军第九次代表大会决议案》。决议内容丰富，全文两万字，共分为八大部分。一是关于纠正党内的错误思想，二是党的组织问题，三是党内教育问题，四是红军宣传工作问题，五是士兵政治训练问题，六是废止肉刑问题，七是优待伤病兵问题，八是红军军事系统与政治系统关系问题。

决议从思想建党的高度，明确了党和人民军队教育培训的重大意义和原则。例如，提出"若不彻底纠正，则中国伟大革命斗争给予红军第四军的任务，是必然担负不起来的"，"四军党内种种不正确思想的来源，自然是由于党的组织基础的最大部分是由农民和其他小资产阶级出身的成分所构成的；但是党的领导机关对于这些不正确的思想缺乏一致的坚决的斗争，缺乏对党员作正确路线的教育，也是使这些不正确思想存在和发展的重要原因"。决议还指出，"为了红军的健全与扩大，为了斗争任务之能够负荷，都要从党内教育做起"，"有计划地进行党内教育，纠正过去之无计划的听其自然的状态，是党的重要任务之一"。同时，明确规定了红军的性质、任务；指出红军是一个"执行革命的政治任务的武装集团"，党对军队的绝对领导是红军建设的根本原则；规定红军除打仗消灭敌人的军事力量之外，还要担负起宣传群众、组织群众、武装群众、帮助群众建立革命政权以至建立共产党的组织等项重大任务。同时，还进一步明确了政治工作的地位和政治工作路线。学习这些内容是教育培训的根本任务。

决议规定了党内教育的十项内容、十八种教育形式和方法。其中党内教育内容包括政治分析，上级指导机关的通告的讨论，组织常识，红军党内八个错误思想的纠正，反机会主义及托洛茨基主义反对派问题的讨论，群众工作的策略和技术，游击区域社会经济的调查研究，马克思列宁主义的研究，社会经济科学的研究，革命的目前阶段和它的前途问题。教育形式和方法包括党报，政治简报，编辑各种教育同志的小册子，训练班，有组织地分配看书，对不识字党员读书报，个别谈话，批评，小组会，支部大会，支部委、组联席会，纵队为单位组长以上活动分子会议，全军支书以上活动分子大会，纵队为单位党员大会，纵队为单位各级书、宣、组联席会议，全军支队以上书、宣、组联席会议，政治讨论会，适当地分配党员参加实际工作。

决议还提出十大教授法，包括启发式（废止注入式）、由近及远、由浅入深、说话要通俗化（新名词要释俗）、说话要明白、说话要有趣味、以姿势助说话、后次复习前次的概念、要提纲、干部班要用讨论式。特别是对上政治课的方式方法提出了明确要求。除一般士兵参加的普通班外，还有干部班和特别班两种形式。干部班以纵队为单位，军直属队另成一个单位，以大队长、大队副、中队长、中队副、各级军佐及其他指定人员编成。目的是提高现任下级干部的政治水平线，使其能领导群众，以预备将来能充当中级干部。由纵队政治委员政治部主任、纵队司令官及其他有适当能力的人担任教授。特别班以支队为单位，从各大队士兵中考选稍识文字及略有政治常识者50名编成，支队政治委员为主任教授，大队政治委员分担各课，目的是培养比普通班高一级的政治常识人才，以备将来升当下级干部之用。

决议的实施为红军的建设指明了正确方向，有力地推动了当时军队在组织和思想层面的建设，同时在中国共产党军队建设史上留下了深刻而持久的影响。当时的中共中央对决议给予了充分肯定，并向全国推广。1930年1月15日，周恩来领导的中央军委创办《军事通讯》内部刊物，在创刊号上，周恩来要求"各地红军、各地方党组织都要学习朱、毛红军的经验"。1930年5月，中共中央在上海召集全国苏维埃区域代表会议，再次肯定了红四军的建党经验。此后，各地红军和革命根据地纷纷效仿红四军的做法，党和红军的力量迅速壮大，革命根据地的实际规模和政治影响力也显著扩大。

（六）《列宁主义问题》《共产党宣言》《论清党》《中国革命基本问题》

1933年初，中共临时中央（中共中央局）迁到中央苏区首府瑞金以后，为纪念马克思逝世50周年，更加广泛传播马克思所创立的共产主义，决定"创办一所大规模的苏维埃党校，大批训练新的工农干部，以适应目前革命与战争的需要，彻底改造和加强党团政府工会的工作，获取战争的全部胜利"，并定名"马克思共产主义学校"。学校宗旨包括：一要培养无限忠诚于党、忠诚于工农大众的干部；二要学习马列主义、总结亲身革命经验，提高政治思想水平；三要锻炼思想意识，清除旧社会带来的"脏东西"，使大家能适应土地革命战争的需要，为彻底粉碎国民党反革命"围剿"作出贡献。学校共开设三种班次，包括新苏区工作人员训练班，党、团、苏维埃、工会工作各一班，高级训练班。各班的主要课程包括世界革命史、马列主义基本理论、党的建设、中国革命基本问题、工人运动、游击战争，以及提高文化水平的历史、地理、自然常识等。学校选取了《列宁主义问题》《共产党宣言》《论清党》《中国革命基本问题》等作为教材。

（七）《中共中央关于延安干部学校的决定》《中央政治局关于党校组织及教育方针的新决定》

延安时期的中央党校，是为我党培养中高级干部的主要学校，是运用马列主义教育党员干部的重要阵地。从1935年11月党校恢复起，至1947年3月撤离延安，在陕北历时11年3个月，为党培养了成千上万的领导干部，对中国革命作出了重要贡献。《中共中央关于延安干部学校的决定》规定，"中央党校为培养地委以上和团级以上具有相当独立工作能力的党的实际工作干部及军队政治工作干部的高级与中级学校"，"中央党校直属中央党校管理委员会"。1942年，整风运动开始后，中共中央政治局发出《关于党校组织及教育方针的新决定》。到1943年，全党普遍整风结束后，为了让高级干部总结历史经验，中共中央政治局决定在中共中央政治局及中共中央书记处之下，设立中央宣传委员会与组织委员会，中央党校归中央宣传委员会管理。1942年，在中央党校举行的开学典礼上，毛泽东同志作了《整顿党的作风》的讲话，中央党校礼堂落成时，毛泽东同志题写了校训——实事求是，不尚空谈。1943年至1946年，毛泽东同志先后在中央党校作了《学习和时局》《抗日战争胜利后的时局和我们的方针》《关于重庆谈判》《时局问题及其他》等报告。

中央党校作为培养党的高级领导干部和对广大党员进行马列主义教育的学校，坚持以马列主义基本原理同中国革命实际相结合的教育方针为指导，坚持学习理论与改造思想相结合，坚持教学与生产劳动相结合，坚持学习理论和做群众工作相结合，培养了大批党政军领导骨干和理论工作者，为党领导新民主主义革命和社会主义革命的胜利提供了有力的保证，作出了重要贡献。

（八）中国人民抗日军事政治大学情况[①]

1936年，为迎接即将到来的抗日战争，中共中央决定以西北抗日红军大学为基础，创办中国人民抗日红军大学。学校于1937年随中共中央机关迁至延安，改称中国人民抗日军事政治大学（以下简称"抗大"）。抗大的学生开始主要是中国工农红军高级干部，后来也招收从陕甘宁边区外到延安的爱国青年。学制从4个月到半年、8个月、1年、3年多不等。

抗大第一分校于1938年12月在陕西省延长县组建，先后转战华北、山东，在敌后办学7年多，为军队和地方培养干部2.4万余名。1945年8月抗日战争胜利后，奉命进军东北，改为东北军政大学第三支队。第一分校是抗大分校中创办最早、历时最长、培养干部最多、办学成绩显著的一所分校，为巩固和发展山东敌后抗日根据地作出了重要贡献。

抗大第二分校于1938年12月成立，1944年3月撤销建制，历时5年多，共培养了2万余名干部，在晋察冀抗日武装力量的建设及根据地的巩固与发展中发挥了重要作用。

抗大第三分校是1939年7月抗大主力离开延安挺进敌后办学时，由留下的一部分教职学员组建的。1941年11月与八路军军政学院第三、第四队合组为军事学院，至1943年3月编入抗大总校。尽管开办时间不长，但由于在延安环境相对安定，第三分校得以保持正规化教学秩序，培养了2600余名具有相当水平的专业技术人才，为八路军的

---

① 本书编写组：《中国共产党干部教育百年历程》，党建读物出版社2023年版。

发展壮大作出了积极的贡献。

抗大第四分校于1940年3月在豫皖苏边区创建，在淮北洪泽湖畔发展，1945年抗战胜利后结束，是新四军中成立最早、历时最长的一所分校。它吸收华中和江南的知识青年，在江淮平原的艰难条件下坚持办学，共培养了近5000名干部，为新四军第四师和豫皖苏抗日根据地的建设发挥了重要作用。

抗大第五分校是在1940年11月，由新四军江北指挥部军政干部学校、新四军苏北指挥部干部学校、新四军皖东干部学校等于江苏盐城合并组建。1941年4月，抗大总校第二华中派遣大队与第五分校会合，加强了该校的力量。陈毅、黄克诚、吴胜坤、洪学智、赖传珠、冯定、谢祥军、余立金、薛暮桥、张兴发、王信虎、贺敏学、唐克等担任过分校领导。1941年10月，该校被编为"华中抗大总分校"，并组建新的抗大第五分校。1942年底，部队精简，抗大第五分校停办。1944年夏，恢复抗大第五分校。日本投降后，该校改编为新四军苏北军区盐阜军分区独立旅。第五分校先后培养了近5000名军政干部，为新四军的发展和华中抗日根据地的巩固作出了贡献。

抗大第六分校正式成立于1940年11月，1943年冬结束，在太行山区十分艰苦的条件下，培养了数千名干部，为坚持太行山抗日游击战争作出了积极的贡献。

抗大第七分校于1941年7月在晋西北兴县创办，1943年转移到陇东地区，1945年11月结束。第七分校转战于黄河两岸，历经艰辛，在抗日战争的烽火中坚持一面学习、一面生产，通过教育训练和劳动锻炼，为八路军培养了大批年轻干部。

抗大第八分校于1941年5月以新四军第二师军政干部学校为基础创办，1945年8月抗日战争胜利后结束。第八分校共举办4期，培养学员约2000人，为新四军第二师的发展和皖东抗日根据地的建设作出了贡献。

抗大第九分校于1942年5月由抗大苏中大队改编成立，1944年夏改为"苏中公学"。它是在苏中抗日游击战争条件下，坚持一面战斗，一面教学，以战斗保卫学习的一所分校。第九分校在将近3年时间中，共办了5期，为新四军第一师、第六师和苏中、苏南抗日根据地培养了3300余名军政人才，特别是培养了一批华侨青年干部，在国内外产生了广泛的影响。

抗大第十分校于1942年2月成立，至1945年9月抗战胜利后结束，历时3年多，先后办了5期，为新四军第五师和豫鄂边区培养了4000多名军政干部。

抗大太岳分校于1944年10月以抗大太岳大队为基础组建，1945年10月并入"晋冀鲁豫军政大学"，历时一年多。它是为八路军第一二九师第三八六旅和太岳军区部队培养干部的一所抗大分校。

抗大太行分校于1945年春以抗大太行大队为基础组建，隶属八路军太行军区。童国贵、彭宗珠、孟擎宇、李克如担任分校领导。1945年秋，与太岳分校和抗大总校一部在山西省长治地区合并组建八路军晋冀鲁豫军区军事政治大学，专为第一二九师短期轮训基层干部。

（九）《中共中央关于干部学习的指示》

1940年1月3日，中共中央下发了《关于干部学习的指示》，要求"全党干部都应当学习和研究马克思列宁主义的理论及其在中国的具体运用"。1940年3月20日，中共中央又发出《关于在职干部教育的指示》，对干部在职学习作了明确规定。从1939年5月到1940年，主要是进行广泛的学习动员，制定学习内容，建立学习制度，打好学习基础。从1940年6月举行在职干部教育周年总结大会到1941年5月毛泽东同志作《改造我们的学习》报告前这段时间，主要是提高学习质量，培养干部的阅读能力和独立思考的能力，加强对干部的策略教育，引导干部研究时事政策等当时的实际问题。1940年8月13日，中共中央宣传部发出《关于加强干部策略教育的指示》，要求在职干部必须学习中共中央的决议、决定，中央领导同志的有关策略的报告，党报上的重要文章，要提高干部策略思想，使干部真正掌握党的路线，学会在各种环境、各种情况中坚定灵活地贯彻党的路线，不迷失方向。1940年10月20日，中宣部还发出《关于提高延安在职干部教育质量的决定》。这个决定除坚决贯彻执行中共中央关于加强策略教育的指示外，还特别强调参加学习的干部必须养成细心阅读和独立思考问题的习惯。

（十）《中共中央关于在职干部教育的决定》

1942年，根据地进入了最困难的时期，干部学校或合办或停办，依托学校进行的干部教育走向低潮。在这种局面下，中共中央政治局于1942年2月28日通过了《中共中央关于在职干部教育的决定》（以下简称《决定》），确立了干部教育第一位和在职干部教育第一位的方针，使在职干部教育成了干部教育的主导形式。

《决定》指出："在目前条件下，干部教育工作，在全部教育工作中的比重，应该是第一位的。而在职干部教育工作，在全部干部教育工作中的比重，又应该是第一位的。这是因为一切工作，包括国民教育工作在内，都须经过干部去做，'在政治方针决定之后，干部就是决定一切的因素'。如不把干部教育工作看得特别重要，把它放在全部教育工作中的第一等地位，就要犯本末倒置的错误了。"《决定》还强调："着重的认真的办理干部学校，抽调许多干部，进入各种干部学校，施以系统的教育，当然是很重要的任务，对此决不应该稍有忽视；但最广大数量的干部，百分之九十以上的干部，还是在工作中，在人力财力与工作需要上，目前又不可能办理很多的干部学校。因此，对在职干部，就其工作岗位上，施以必须的与可能的教育，实是全部干部教育工作中的第一位工作，应该引起党政军各级领导机关及其宣传教育部门的充分注意。"①

《决定》根据毛泽东同志《改造我们的学习》的精神，总结了党的六届六中全会以来在职干部教育的经验教训，把在职干部教育的内容明确规定为业务教育、政治教育、文化教育和理论教育四种。

第一，业务教育。《决定》指出："对一切在职干部，都须给以业务教育，实行做什么、学什么的口号。不论从事军事、政治、党务、文化、教育、宣传、组织、民运、锄奸、财政、经济、金融、医药、卫生及其他任何工作部门的干部，必须学会与精通自己的业务，这是第一个教育任务与学习任务。"业务教育主要包括与各部门业务有密切关系的周围情况的调查研究，与各部门业务有密切关系的政策法令、指示决定的研究，各部门业务具体经验的研究，各部门业务的历史知识的研究，各部门业务的科学知识的研究，共五项内容。每个部门的干部均需研究与自己部门相关的业务知识。

第二，政治教育。《决定》要求："对一切在职干部，都须给以政治教育。"政治教育包括时事教育和一般的政策教育两项内容。政治教育的目的，在于使干部除精通其专门业务、局部情况与局部政策之外，还要通晓一般情况与一般政策，以开阔干部的眼界，避免偏畸狭隘不

① 中央档案馆：《中共中央文件选集》第13册，中共中央党校出版社1991年版，第347页。

懂大局的弊病。《决定》指出："好谈一般政治而忽视专门业务的倾向是不对的，但局限于专门业务而忽视一般政治的倾向，也是不对的。"因此，要使每个干部都必须具备专家与通人两种品质。

第三，文化教育。《决定》规定："对一切文化程度太低或不高的干部，除业务教育与政治教育外，必须强调文化教育，反对轻视文化教育的错误观点。"文化教育的内容确定为国文、历史、地理、算术、自然、社会、政治等课程。

第四，理论教育。《决定》提出："高级及中级干部之具有学习理论资格（文化程度理解力与学习兴趣等）者，于业务学习与政治学习之外均须学习理论。其学习范围分为政治科学、思想科学、经济科学、历史科学等项，依次逐步学习之。"政治科学以马列主义论战略策略的著述为理论材料，以中国共产党20年奋斗史为实际材料；思想科学以马克思主义的思想方法论为理论材料，以近百年中国的思想发展史为实际材料；经济科学以马克思主义政治经济学为理论材料，以近百年中国经济发展史为实际材料；历史科学则研究外国革命史和中国革命史。

《决定》还对在职干部教育管理作了新的规定。在课程和材料管理方面，《决定》要求："四种教育的时间分配及课程分配，使之互相联系而不互相冲突与脱节，由党政军宣传教育部门负责调理之"，"不论任何工作部门，也不论业务教育、政治教育、文化教育、理论教育的任何方面，均须贯彻反对主观主义、宗派主义与党八股的精神。一切材料均须由领导机关加以审查，任何包含主观主义、宗派主义与党八股毒素的东西，均须严格加以清除或批评"。在学习时间和考核方面，《决定》要求："以发展其业务而不妨碍其业务并不妨碍干部健康为原则，在前方，尤其不应妨碍战争。在情况许可的地方或部门，一律坚持每日两小时学习制。在情况不许可的地方或部门，学习时间可以伸缩。一切为着在职干部教育而耗费的时间，均算入正规工作时间之内，把教育与学习看作工作的一部分。在鉴定干部的时候，学习情况如何应作为鉴定标准之一。"在人员和经费方面，《决定》要求："为着干部教育而需用的人员（教员与职员），应加以严格的审查，并应首先调给之。各级领导人员有参加教课的责任。为着干部教育而需用的经费，应最大量地供给之。"

（十一）党的七届二中全会确定十二本干部必读书目

1949年，中共中央政治局会议通过的党的1949年任务中提出，干部教育计划即"在干部训练学校中及在在职干部中进行学习马恩列斯的理论及中国革命各项具体政策的计划，必须适合目前革命形势和革命任务的需要"。为了更有效地提高全党的政治理论水平，党中央重新编审了一套干部必读书目，由毛泽东同志审批后送交在西柏坡举行的党的七届二中全会。这套"干部必读"共计十二本，包括《社会发展史》《政治经济学》《共产党宣言》《社会主义从空想到科学的发展》《帝国主义是资本主义的最高阶段》《国家与革命》《共产主义运动中的"左派"幼稚病》《论列宁主义基础》《联共（布）党史》《列宁斯大林论社会主义建设》《列宁斯大林论中国》《马恩列斯思想方法论》。1949年3月13日，毛泽东同志在党的七届二中全会讲话中说："关于十二本干部必读的书，过去我们读书没有一定的范围，翻译了很多书，也都发了，现在积二十多年之经验，深知要读这十二本书，规定在三年之内看一遍到两遍。对宣传马克思主义，提高我们的马克思主义水平，应当有共同的认识，而我们许多高级干部在这个问题上至今还没有共同的认识。如果在今后三年之内，有三万人读完这十二本书，有三千人读通这十二本书，那就很好。"[1]为了迎接新中国的到来，全党的干部兴起了学习热潮。从1949年6月到1950年6月，"干部必读"印行总数达300万册，成为广大干部、群众学习马列主义理论的必备书，对培养干部、提高干部理论水平，起到了十分重要的作用。在提高马列主义理论修养、提高文化知识水平的同时，中共中央还要求努力学习经济工作和城市工作，对不同层次的人员分别开展培训，教育内容涉及工、商、医、艺术、邮电、铁路、师范、少数民族等多个专业，收到了明显成效。

（十二）《关于创办马列学院的决定》

1948年7月24日，中共中央作出《关于创办马列学院的决定》（以下简称《决定》），决定由中央直接创办高级党校，命名为"马列学院"。《决定》明确规定马列学院的任务为"比较有系统地培养具有理论的党的领导干部和宣传干部"。所招收的学生须具备五年以上的实际工作经验，政治立场坚定，具备较强的政治觉悟和思想分析能力，文化程度需达到能够撰写文章或相当于高中毕业以上的水平。除中央特别批准的高级干部外，所有学生均需通过考试方可入学。每期学习时间最短为一年半。第一期计划招收50人至80人，考试时间为9月上旬，开学时间为9月下旬。学生入学后，主要学习中外历史、马克思列宁主义的三个组成部分、毛泽东思想及中共党史。此外，还开设了语文课程，学员每个学期需完成作文作业，从而提升学员政治素养与写作能力。《决定》还附了一份包含36项教材与参考书的详细目录，其中收录了马克思、恩格斯、列宁与斯大林的著作。

---

① 毛泽东：《在中共七届二中全会上的总结》，《毛泽东文集》第5卷，人民出版社1996年版，第261页。

第五章

社会主义革命和建设时期中国共产党干部教育文献

　　新中国成立后，中国共产党在领导中国人民进行社会主义革命和建设过程中加强干部队伍建设的经验总结，是马克思列宁主义与中国具体实践相结合的产物，是中国共产党人关于加强干部队伍建设的智慧结晶，形成了诸多干部教育的重要文件和理论著作。正是有了这一正确的思想指导，党在社会主义革命和建设时期的干部队伍建设才能不断得到加强，才能始终为社会主义革命和建设事业提供坚实的组织保证和干部保证。这些文献不仅包含了中国共产党干部教育在不同历史阶段的政策和策略，也反映了中国特色社会主义建设的理论与实践。以下是实践历程和一些具有代表性的文献。

一、实践历程

　　新中国成立伊始，鉴于国家各项建设事业对领导干部及专业人才的迫切需求，中央政府迅速行动，推出了一系列有力措施，发起了一场史无前例的干部教育培训运动。此举在全国范围内掀起了空前的学习浪潮，人们的学习热情高涨，蔚然成风。其一，针对初入职场的广大干部群体，设计并实施了一系列紧凑而高效的短期培训项目。责令各大行政区领导部门创立多元化军政干部教育机构，诸如军政大学等，积极吸收青年才俊与知识分子参与其中。其二，着重增强干部的业务处理能力和文化素养，通过系统化的培训，力求全方位提升其综合素养，以适应国家发展的需求。针对党的干部队伍中存在的部分干部虽在革命斗争中积累了丰富的经验，但在文化素养方面尚有欠缺，特别是缺乏领导国家建设所必需的专业技能和管理能力的问题突出，1950年10月，中共中央下发《关于在职干部学习问题的指示》，要求各地尽可能兴办机关学校，旨在全面提升干部的文化素养、业务能力和政治觉悟，确保其能够更好地服务于国家建设与发展的大局。随后，政务院发布《关于举办工农速成中学和工农干部文化补习学校的指示》，对干部的文化业务和政治学习提出了新要求。同时，党从各条战线选调干部到高等院校学习。1953年，中共中央又发布《关于加强干部文化教育工作的指示》。持续深化对干部的业务技能培训与文化素养教育，为社会主义改造的平稳推进及国家首个五年计划（"一五"计划）的圆满达成，构筑了坚实可靠、稳固不移的基石。其三，加强在职干部的政治素质培养，深化其政治教育内涵，以塑造具备高度政治觉悟与责任感的干部队伍。1951年，党中央颁布《关于加强理论教育的决定（草案）》，为提高干部的理论水平，中央决定建立干部理论学习制度，实施学分制与考试制。1953年，中共中央发出《关于一九五三——一九五四年干部理论教育的指示》。1955年1月，中共中央批转《中央宣传部关于1955年在职干部学习的报告》，强调学习以个人阅读为主、以听课为辅。1955年7月，中共中央又作出《关于党的高级干部自修马克思、列宁主义办法的规定》，对学习总结及学习成绩考核事宜进行了明确规范。此举为构建全国统一的理论教育体系奠定了坚实基础，显著提升了干部理论素养和文化水平，为推动理论教育工作作出了积极贡献。其四，建立干部轮训制度。1954年12月，党中央发出《关于轮训全党高级、中级干部和调整党校的计划》，开始有计划地开展针对高级和中级干部的轮训工作。党的八大之后，党中央积极倡导全党开展新一轮学习高潮，借此契机，成功培育并涌现出大批兼具深厚政治理论功底、精湛业务技能、坚定政治立场及卓越专业素养的干部群体。

二、主要文献

（一）《中共中央关于办好各级党校的决定》

1977年，中央党校复校。同年，中共中央作出《关于办好各级党校的决定》。该决定指出，党的第十一次全国人民代表大会制定了党的十一大路线：高举毛主席的伟大旗帜，坚持党在社会主义历史阶段的基本路线，抓纲治国，继续革命，为建设社会主义的现代化强国而奋斗。为了坚决贯彻党的十一大路线，适应我国社会主义革命和社会主义建设进入新的发展时期的需要，努力澄清被"四人帮"颠倒了的路线是非、思想是非、理论是非，来一场全党的学习竞赛，要切实办好各级党校。

（二）《关于大量吸收和培养少数民族干部的指示》

1949年11月14日，毛泽东同志发布《关于大量吸收和培养少数民族干部的指示》，指出："除大力剿匪，省委地委县委集中注意做艰苦的群众工作，在一切工作中坚持民族平等和民族团结政策外，各级政权机关均应按各民族人口多少，分配名额，大量吸收回族及其他少数民族能够和我们合作的人参加政府工作。在目前时期应一律组织联合政府，即统一战线政府。在这种合作中大批培养少数民族干部。此外，青海、甘肃、新疆、宁夏、陕西各省省委及一切有少数民族存在地方的地委，都应开办少数民族干部训练班，或干部训练学校。请你们注意这一点，要彻底解决民族问题，完全孤立民族反动派，没有大批从少数民族出身的共产主义干部，是不可能的。"这一指示成为全国少数民族干部培养工作的指导性方针。

（三）《培养少数民族干部试行方案》

1950年11月24日，政务院第60次政务会议批准颁布了《培养少数民族干部试行方案》，对"普遍而大量地培养各少数民族干部"制定出具体的政策、措施。方案提出，目前以开办政治学校与政治训练班，培养普通政治干部为主，迫切需要的专业技术干部为辅。应尽量吸收知识分子，提高旧的，培养新的，必须培养适当数量志愿做少数民族工作的汉族干部，以便帮助各少数民族的解放事业与建设工作。各民族的军事干部，在初期一般也送至政治学校或政治训练班学习，同时逐步准备在军事学校开设民族班的条件。方案决定在北京设立中央民族学院，并在西北、西南、中南地区各设立一所中央民族学院分院，必要时可进一步增设分院。

（四）《关于举办工农速成中学和工农干部文化补习学校的指示》

1950年12月14日，政务院总理周恩来署名发布《关于举办工农速成中学和工农干部文化补习学校的指示》，决定在全国范围内有计划、有步骤地举办工农速成中学和工农干部文化补习学校，招收不同文化程度的工农干部，并提供适当时间的文化教育。目标是争取在若干年内，使全国工农干部的文化水平普遍提高到相当于中学的程度。为落实《关于举办工农速成中学和工农干部文化补习学校的指示》，教育部于1951年2月10日发布《工农速成中学暂行实施办法》《工农干部文化补习学校暂行实施办法》，对学制、课程设置、教学计划、组织架构、领导机制及经费管理等具体事项作了明确规定。其中规定，工农速成中学课程为国文、数学、自然、化学、物理、地理、历史、政治、制图、体育、音乐。工农干部文化补习学校的课程为国语、算术、自然、地理、历史、政治、体育、音乐。1952年教育部颁布《关于工农速成中学附设于高等学校的决定》和《工农速成中学分类教学计划》。1955年7月，教育部和高教部联合发出《关于工农速成中学停止招生的通知》。1958年，工农速成中学学生全部毕业。

（五）《中共中央关于在职干部学习问题的指示》

1950年10月17日，中共中央发布了《关于在职干部学习问题的指示》，废止了自1942年起实行的每天两小时学习制度，并明确了在职干部学习的新原则。该指示提出在职干部学习的具体原则如下。

第一，停止强迫学习两个小时的办法，但参加学习者中有愿意继续此项办法者暂听之。

第二，凡可能办理机关学校者，应筹办机关学校，学生自愿报名，分级编班，按时上课，学习文化、业务与政治，以代替现在的无确定进度、无程度差别、无固定教员的混乱状态。

第三，能自习政治者以自习为主，但应有领导以免荒废。凡有可能条件的大机关应设学习指导员负责予自习者以个别指导，较小的机关可设宣传员，帮助解决学习中的疑难及组织时事报告等。学习指导员与宣传员均由党委任命，其工作由党委宣传部管理之。各级宣传部应定期召集学习指导员和宣传员报告时局及政策问题，并解答群众中提出的疑难问题。

第四，各种学习方法均应少开无领导的小组会，多开解答疑难的座谈会。

（六）《中共中央关于加强理论教育的决定（草案）》

1951年2月，为解决各地在实施党内理论教育过程中遇到的问题，中共中央发布了《关于加强理论教育的决定（草案）》。该文件强调，必须大力加强全党对马克思列宁主义及毛泽东思想的教育工作。

（七）《中共中央关于一九五三——一九五四年干部理论教育的指示》

1953年4月，为适应全党工作重心转向经济建设的需求，中共中央发布了《关于一九五三——一九五四年干部理论教育的指示》。该指示明确要求，全党干部理论学习的高级组和中级组需在1953年7月至1954年12月的一年半时间内，深入学习《联共（布）党史》第9至12章，以及列宁、斯大林关于社会主义经济建设的部分著作。1953年10月，中共中央发出《关于一九五三——一九五四年干部理论教育的补充通知》，在学习《联共（布）党史》时，应参考中国经济的相关文献。规定《中共七届二中全会决议》、毛泽东同志在七届三中全会上所作《为争取国家财政经济状况的基本好转而斗争》的报告、周恩来同志在

1953年夏季全国财经工作会议上所作的结论为学习文件。

（八）《毛泽东选集》

延安整风时期，中共中央就编辑了《六大以前》和《六大以来》两部党的文献集，收录了1922年至1941年党的文献755篇，其中，收录了毛泽东同志的一些著作和为中央起草的文献。1950年春毛泽东同志访苏归国后，中央成立了中共中央《毛泽东选集》出版委员会，由刘少奇任主任，委员会立即开展《毛泽东选集》的编辑出版工作，拟将毛泽东同志在新民主主义革命时期的主要著作编为四卷，经毛泽东同志本人审定后，陆续出版。其中最先定稿的是毛泽东同志的著名哲学著作《实践论》和《矛盾论》。1951年10月12日，《毛泽东选集》第一卷由人民出版社正式出版发行，包括毛泽东同志1925年起到抗日战争全面爆发前的文章共计17篇；1952年4月10日，《毛泽东选集》第二卷出版发行，包括毛泽东同志在抗日战争全面爆发前期的文章共计40篇；1953年4月10日，《毛泽东选集》第三卷出版发行，包括毛泽东同志在抗日战争后期的文章共计31篇；1960年9月30日，《毛泽东选集》第四卷出版发行，包括毛泽东同志在抗日战争胜利后到中华人民共和国成立前的文章共计70篇。在《毛泽东选集》出版期间，各中央局先后发出通知，号召在干部中组织学习《毛泽东选集》。

（九）《中共中央关于统一调配干部，团结、改造原有技术人员及大量培养训练干部的决定》

中共中央在1953年11月24日作出《关于统一调配干部，团结、改造原有技术人员及大量培养训练干部的决定》。决定要求，为新建、改建及扩建的厂矿配备数量充足且具备一定素质质量的干部队伍。决定强调，要切实贯彻党对技术人员的政策，进一步做好团结和改造原有技术人员的工作；必须大量培养、训练新的技术工人和新的技术专家。

（十）《中共中央关于加强干部文化教育工作的指示》

1953年12月24日，中共中央发出《关于加强干部文化教育工作的指示》。根据同年9月的统计数据，全国干部（军队干部除外）中，初中以下文化水平干部的占比超过一半，其中甚至还有少数文盲。因此，国家亟须大力培养和提拔工农干部，有计划地提升他们的政治素养、文化水平和业务能力。该指示明确规定，干部文化教育应遵循速成教学与联系实际相结合的教学方针。

（十一）《中共中央关于轮训全党高、中级干部和调整党校的计划》

1954年12月17日，中共中央印发《关于轮训全党高、中级干部和调整党校的计划》，必须建立健全党的各级干部轮训制度，有计划、分步骤地将全党高、中级干部选送至党校进行轮训，从而有效提升全党干部的马克思列宁主义理论水平，以适应未来工作的需求。计划明确了中共中央直属马列学院的主要任务，是轮训地委正副书记、专员和相当于这一级以上的高级干部；中级党校的任务，是轮训地委委员、县委正副书记、县长及相当于这一级的干部；初级党校的任务是轮训县委委员、区委正副书记、区长及相当于这一级的干部。

（十二）《中共中央关于党的高级干部自修马克思、列宁主义办法的规定》

1955 年 7 月，中共中央发布《关于党的高级干部自修马克思、列宁主义办法的规定》，计划在未来五年内，将参加理论学习的高级干部分为两批：一半进入中央高级党校进行系统学习，另一半则采取在职自修的方式。对参加在职自修的高级干部，每年给予两个月的时间，轮流停止工作专门学习。学习内容与中央高级党校的五门课程（中共党史、苏共党史、辩证唯物论和历史唯物论、政治经济学和经济问题、党的建设）相同。规定进一步明确，组织高级干部开展自修学习将成为一项常态化工作。中共中央组织部与中共中央宣传部将就这项工作的管理进行合理分工。规定还明确了自修经费及军队系统的高级干部在职学习办法等。

（十三）《关于如何贯彻党校教学方针问题》《关于党校党的工作的几个问题》

1955 年 7 月 20 日至 30 日，为深入贯彻落实中央的轮训计划，进一步改进教学工作并提升教学质量，中共中央组织部和中共中央宣传部联合召开了中级党校工作座谈会。会议围绕如何贯彻党校教学方针、优化课程设置及合理配备教员等议题展开了深入讨论。七所中级党校和准备新建的七所中级党校的负责人及中央高级党校、中共中央宣传部、中共中央组织部共 29 人参加了会议。会上，杨献珍作了《关于如何贯彻党校教学方针问题》的报告，侯维煜作了《关于党校党的工作的几个问题》的报告。

（十四）《中央组织部关于全国省市以上各专业部门在职干部轮训工作向中央的报告》

1956年1月21日，中共中央组织部发布的《关于全国省市以上各专业部门在职干部轮训工作向中央的报告》中针对各专业部门在职干部轮训工作中存在的问题，提出了相应意见。第一，根据各专业部门工作发展的需求和干部队伍的现状，对各专业部门的干部，特别是领导骨干的培训，当前主要应侧重业务基础知识的教育及中央规定的五门理论课程的学习。第二，各专业部门的培训机构需进行整顿和调整。第三，各级专业干校的教学方针、课程、教材等问题，应当适当地解决。第四，必须着力解决各专业干校，尤其是省、市级干校领导骨干匮乏及教学人员数量不足、质量不高的问题。第五，必须加强思想政治工作和党组织的工作。第六，在机构编制上，按照精简行政机构、加强教学机构和教学辅导合一的原则加以调整。

（十五）《中共中央关于加强初级党校工作的指示》

1956年2月，《中共中央关于加强初级党校工作的指示》明确提出："各省市委和自治区党委必须采取有效措施，把党校工作提高一步，使之逐步走向正规，以进一步适应伟大的社会主义建设的需要。"该指示对省市委党校的工作进行了全面部署，确定了训练任务、训练对象，统一了课程学制，明确了教学方针，并对教员、教材、组织机构、党校的领导等问题作出了指示。该指示明确规定，各省市委党校统一改称初级党校。其主要职责是轮训党的处级领导骨干，通过提供马克思列宁主义基础知识、党的路线政策及党的建设的教育，提升他们的政治思想水平，从而更好地完成党交付的各项工作任务。

（十六）《中共中央关于轮训干部的决定》

1961年9月，中共中央根据毛泽东同志提议颁布了《关于轮训干部的决定》。决定提出，将以短期训练班的形式，对全党各级各类领导干部普遍进行一次轮训。本课次轮训的主要对象是县委书记和相当于这一职务以上的党员干部，特别是县委以上各级党委的书记和相当于县委书记以上各方面（工业、交通、财贸、农业、文教、外事等）党委的书记。该决定规定轮训的内容是社会主义建设和党的建设两个方面。

（十七）《中共中央关于组织高级干部学习马恩列斯著作的批示》

1964年2月15日，中共中央作出《关于组织高级干部学习马恩列斯著作的批示》，要求各地党委对高级干部读书加以提倡和推动。该批示要求，全党干部，尤其是高级干部，要深刻领会毛泽东同志对马克思列宁主义所作的重大贡献，不仅需要继续深入学习毛泽东同志的著作，还必须认真学习马克思、恩格斯、列宁和斯大林的经典著作。

1964年中共中央发布《干部选读马克思、恩格斯、列宁、斯大林著作目录（草案）》

马克思著作：

一、《共产党宣言（马克思、恩格斯）》（1847）

二、《雇佣劳动与资本》（1847）

三、《〈政治经济学批判〉序言、导言》（1849）

附：恩格斯：论马克思的《政治经济学批判》

四、《一八四八——一八五〇年的法兰西的阶级斗争》（1850）

五、《工资、价格和利润》（1865）

六、《法兰西内战》（1871）

七、《哥达纲领批判》（1875）

八、书简（马克思、恩格斯：《马克思、恩格斯文选》[两卷集]，第二卷）

恩格斯著作：

九、《〈自然辩证法〉导言、札记和片段》（1875）

十、《反杜林论》（1877）

附：《社会主义从空想到科学的发展》英文版导言

十一、《费尔巴哈与德国古典哲学的终结》（1886）

附：马克思：《费尔巴哈论纲》

列宁著作：

十二、《怎么办？》（1902）

十三、《社会民主党在民主革命中的两种策略》（1905）

十四、《唯物主义与经验批判主义》（1908）

十五、《黑格尔〈逻辑学〉一书摘要》（1914）

十六、《帝国主义是资本主义的最高阶段》（1916）

十七、《国家与革命》（1917）

十八、《无产阶级革命与叛徒考茨基》（1918）

十九、《共产主义运动中的"左派"幼稚病》（1920）

二十、《论马克思恩格斯及马克思主义》

二十一、论战争、和平的三篇文章(《社会主义与战争》《无产阶级革命的军事纲领》《资产阶级的和平主义与社会党人的和平主义》)

二十二、论民族殖民地问题的三篇文章(《社会主义革命和民族自决权》《民族和殖民地问题提纲初稿》《共产国际第二次代表大会民族和殖民地问题委员会的报告》)

斯大林著作:

二十三、《论反对派》

二十四、《列宁主义问题》

二十五、《联共(布)党史简明教程》(1938)

二十六、《马克思主义与语言学问题》(1950)

二十七、《苏联社会主义经济问题》(1952)

普列汉诺夫著作:

二十八、《论一元论历史观之发展》(1894)

二十九、《论个人在历史上的作用问题》(1898)

三十、《论艺术(〈没有地址的信〉)》(1899—1900)

(十八)《关于高级干部学习问题的通知》

1970年11月6日,中共中央下发了经毛泽东同志审阅的《关于高级干部学习问题的通知》,指出,毛泽东同志在党的九届二中全会上又一次指示,党的高级干部,不管工作多忙,都要挤时间,读一些马列的书,区别真假马列主义。1970年到1971年上半年,开始了大规模的学哲学、批先验论和路线教育运动。学习马列著作和毛泽东著作的活动,逐渐从党的高级干部开始,向全党全国广大干部群众发展。

第六章

改革开放和社会主义现代化建设新时期
中国共产党干部教育文献

党的十一届三中全会以来，为适应形势和任务的发展变化，党坚持理论与实践相结合、继承与创新相结合，在牢牢把握党对干部工作领导权的前提下，党的干部工作不断取得新成果，为党的干部工作全面深入持续健康发展奠定了坚实的理论基础。党的干部工作始终沿着正确的方向阔步前进，体现时代性、把握规律性、富于创造性，为改革开放和社会主义现代化建设事业提供坚强保障。以下是这一时期的干部教育实践历程和一些具有代表性的文献。

一、实践历程

改革开放以来，党的干部教育培训工作展现出蓬勃的创新活力，并持续稳健发展，取得了显著成就。在强化干部队伍建设、优化各级领导班子构成及深化基层党建中发挥了关键作用，并为改革开放的深入推进和社会主义现代化建设的繁荣发展作出了不可或缺的卓越贡献。

自党的十一届三中全会至党的十三届四中全会，干部教育培训工作在经历"文化大革命"之后，正式步入了恢复和蓬勃发展的崭新阶段。中央决定大力推进各级党校的恢复与建设工作。成功筹建国家行政学院，正式批准实施干部教育培训八年规划，开展大规模、规范化干部教育培训工作，显著加大了对各级后备干部的培养力度。此外，全国范围内广泛实施了干部学历教育项目，从而通过系统化学习，全面提升干部的专业能力和综合素质。这一系列举措共同促进了干部教育培训工作的全面复兴与深化发展。中共中央、国务院还作出《关于中央党政机关干部教育工作的决定》，要求通过多种途径，力争在未来三至五年，中央党政机关干部的政治素养与业务能力得到显著增强。在全党范围内，一股学习的热潮迅速兴起，其核心目标是深入掌握社会主义现代化建设所迫切需要的专业知识，以确保我们党在新时期的征程中，能更好地引领和推动社会主义现代化事业向前发展。1980年至1984年，全国共有720万名干部参与了形式多样的教育培训活动。这一阶段的干部教育培训工作取得了令人瞩目的成就。通过这一系列的教育培训，干部队伍的思想政治素质和文化专业能力得到了显著提升。此举为党和国家工作重心的平稳转移、领导干部思想解放与创新活力的激发，以及改革开放和社会主义现代化建设的深入推进奠定了坚实的基础，提供了不可或缺的支撑力量。

自党的十三届四中全会至党的十六大，这一时期标志着以县处级以上领导干部为核心，涵盖脱产培训、中心组学习及在职自学的"三位一体"干部教育培训体系的初步构建与完善，实现了干部教育培训模式的初步确立与深化。党中央紧紧围绕两大历史性课题——不断提升党的领导水平和执政水平、提高拒腐防变和抵御风险能力，坚持双管齐下，既强化政治理论学习，又注重业务知识培训，确保全党同志在思想上政治上行动上同党中央保持高度一致，为实现中华民族伟大复兴的中国梦提供坚强的政治保证。在这一过程中，我们党积极推行了一系列以"讲学习、讲政治、讲正气"为核心内容的党性党风教育活动，成功掀起了一股深入学习邓小平理论与"三个代表"重要思想的新高潮。特别重视对中青年干部的思想理论教育，连续四期成功举办了省部级主要领导干部《邓小平文选》理论研讨班，并出版了全国干部学习读本的首批书籍，此举对于深化理论武装、提升领导干部理论素养具有重大意义。同时，广泛开展了以社会主义市场经济理论与科技知识为主要内容的培训，旨在进一步提升广大干部群众的理论素养和科技能力，为推动社会主义现代化建设贡献力量。此外，中央组织了三次省部级主要领导干部研讨班，围绕金融、财税及"国际形势与WTO"等关键议题，进行了深入的探讨和研究。自1993年起，我国开始分批次选派干部赴全球顶尖学府及跨国公司进行学习培训，旨在提升干部队伍的整体素质，增强国家竞争力。这一举措顺应了构建社会主义市场经济体制的新要求，有效整合并利用了国内外的双重资源。1992年至2002年，超过5000人次省部级领导干部参与了多样化的教育培训活动，参与培训的县级以上中青年干部接近4万人次。这一系列干部教育培训举措，极大推动了改革发展稳定的大局，为中国特色社会主义伟大事业在21世纪的发展奠定了坚实的人才基础，并提供了强有力的支撑。

从党的十六大至党的十八大，这一历史时期标志着干部教育培训工作正式跨入了多层次、多渠道、大规模培训干部的全新阶段。党中央以高瞻远瞩的战略眼光，明确提出了构建马克思主义学习型政党的宏伟蓝图和战略目标。同时，党中央强调必须加强干部教育培训工作，旨在全面提升干部队伍的整体素质，努力实现干部能力水平的跨越式提升。在这一历史时期，干部教育培训工作显著提升了对理论武装的重视程度，深化了对党性教育的战略部署，并加大了对能力建设的投入力度。在全党范围内，广泛深入开展了以践行"三个代表"重要思想为主要内容的保持共产党员先进性教育活动，以及深入学习和实践科学发展观的一系列重要活动，从而全面提升党员干部的理论素养、党性修养与实际工作能力，以确保我们党始终走在时代前列，引领中国特色社会主义伟大事业不断向前发展。

中共中央政治局率先垂范，深入学习理论知识。十六届中共中央政治局组织了44次集体学习，十七届中共中央政治局也有序开展了33

次集体学习。成功举办了新一届中央委员、候补委员专题研讨班，精心组织了新任全国人大代表和全国政协委员的集中学习，以"树立和落实科学发展观""提高建设社会主义和谐社会能力"等为主题，多次成功举办了省部级主要领导干部专题研讨班，旨在深化理论武装，提升领导干部的理论素养和实践能力，为推动我国社会主义现代化建设贡献力量。在充分挖掘和发挥各级党校与行政学院现有优势的基础上，新设立了中国浦东干部学院、井冈山干部学院、延安干部学院及中国大连高级经理学院，旨在进一步加强和优化干部教育培训体系，提升教育培训效能。1993年至2010年，中共中央组织部精心策划并成功组织实施了逾200期的领导干部境外培训班，充分展现了我们党培养高素质干部队伍的坚定决心和战略眼光。此外，中共中央组织部还精心编撰并正式出版了一系列面向全国干部的学习用书，旨在不断丰富和深化干部的学习资源，进一步提高干部队伍的理论素养和实践能力。中共中央于2006年和2010年先后印发《干部教育培训工作条例（试行）》《2010—2020年干部教育培训改革纲要》，干部教育培训工作在增强针对性和实效性方面取得了新的进展，显著提升了科学化水平，更加精准地满足了干部成长需求，确保教育培训工作能够切实有效地促进干部队伍的全面发展。

二、主要文献

（一）《关于加强干部教育工作的意见》

1980年，中共中央宣传部、中共中央组织部发布《关于加强干部

教育工作的意见》（以下简称《意见》），明确提出了新时期干部教育的
方针，并对干部教育的地位、作用，干部教育的目标和政策作了阐述。
《意见》指出，为了适应新时期的需要，对干部教育的方针和内容，应
当进行必要的改革；提出马克思列宁主义、毛泽东思想是制定路线、
方针、政策的理论基础，各部门的干部都必须努力学习；提出了干部
教育的办学方法。根据对国民经济进行调整、改革、整顿、提高的要
求，要大办短期轮训班，普遍轮训干部；《意见》强调，各级党委必须
十分重视建立和加强党校和专业干部学校的工作；必须重视和加强对
干部在职学习的领导，要克服形式主义、放任自流和松松垮垮的现象；
加强干部教育工作，必须抓紧解决选编教材和培养教员这两个重要问
题；各级党委都应把干部教育工作列入重要议事日程。

（二）《关于高等学校、中等专业学校举办干部专修科和干部培训班暂行办法的通知》

1980年8月，教育部、国家计委、财政部联合发出《关于高等学校、中等专业学校举办干部专修科和干部培训班暂行办法的通知》，由此大专院校开始承担干部培训任务，在改善干部队伍的文化结构上起到了积极作用。

（三）实现干部队伍的革命化、年轻化、知识化、专业化，是革命和建设的战略需要

1982年1月13日，邓小平同志在中共中央政治局讨论中央机构精简问题会议上发表讲话，明确提出了实现干部队伍的革命化、年轻化、

知识化、专业化是革命和建设的战略需要。根据"四化"方针，围绕干部人事制度改革、干部教育培训等，出台了《全国干部培训规划要点》《关于建立省部级后备干部制度的意见》《关于抓紧做好选拔优秀中青年干部工作的意见》《关于领导班子若干问题的规定》等一系列文件。随着各项制度、措施的实施和大量艰辛的工作，我国干部队伍"四化"方针得到落实。

（四）《中共中央 国务院关于中央党政机关干部教育工作的决定》

1982年10月3日，中共中央、国务院作出《关于中央党政机关干部教育工作的决定》（以下简称《决定》），有步骤地改革领导机构和干部制度，加强干部的教育和训练，实现干部队伍的革命化、年轻化、知识化、专业化。《决定》强调，干部教育工作的基本任务，是使全体干部在马克思主义理论、专业知识、科学文化水平和领导管理能力等方面都得到提高，成为坚持社会主义道路、具有必备专业知识的党和国家的合格工作人员。《决定》的实施，有效地推动了干部教育工作的正规化、制度化、规范化。

（五）《1983—1990年全国干部培训规划要点》

1983年，中共中央组织部印发《1983—1990年全国干部培训规划要点》（以下简称《规划要点》），对1983年至1990年的全国干部培训工作作出规划。随后，各类干部教育培训的中长期规划相继出台。《规划要点》指出，干部培训工作的基本任务，是使全体干部在马克思主义理论、专业知识、科学文化水平和领导管理能力等方面都有显著的提高，成为懂得马克思主义、坚持社会主义道路、具有一定文化水平和必备专业知识的合格工作人员。干部培训的内容包括：政治理论、党的路线方针政策、专业知识、科学文化知识等方面。培训干部的重点是各级领导干部及作为后备的优秀中青年干部，特别是县以上各级领导干部及其后备干部。要从干部现有的政治理论、业务知识水平、文化程度出发，进行定向培训，有计划、有步骤地予以提高，使干部队伍在革命化前提下，分两步实现知识化、专业化。《规划要点》指出，为实现全国干部培训规划目标，采取的主要措施有：实现党校教育正规化，加强干部院校的建设，扩大高等院校和中等专业学校招收干部学员的名额，大力推广分散办学、集中指导、统一考核相结合的社会化办学经验。

（六）《中共中央关于实现党校教育正规化的决定》

1983年5月3日，中共中央印发了《关于实现党校教育正规化的决定》（以下简称《决定》），指出党校教育的正规化对于实现干部队伍的革命化、年轻化、知识化、专业化，对于把我们党建设成为领导社会主义现代化事业的坚强核心，对于继往开来、保证党的路线的连续性，都有重大意义。各级党校担负的基本任务是，以马克思列宁主义、毛泽东思想基本理论，党的方针、政策和必要的现代科学知识、业务知识武装党的干部，为党培训既具有共产主义思想觉悟、党性强、作风好，又有现代化建设知识的领导骨干。争取从"七五"计划期间开始逐步做到：凡是担任省、地两级党政主要领导职务的干部，必须经过中央党校培训；担任县级党政主要领导职务的干部，必须经过省、自治区、直辖市委党校培训；地、市、县级党委所管主要领导干部也必须经过地、市、县委党校的培训。党校还要配合组织部门共同做好干部的考察和选拔工作。

《决定》指出，党校教育正规化，主要指办学方式和课程设置的正规化。各级党校在实现教育正规化的过程中要逐步做到有统一的班次、学制、课程内容、教材和考试考核制度。班次设置包括培训班、理论班、进修班。此外，还可根据需要和可能，开办短期读书班、专修班等。各级党校的培训班、理论班，都要实行考试、考核制度和学历制度，根据入学前的文化水平和入学后的学制、所学课程进行考试，考试合格者，获得同国民教育体系相当的学历和待遇。进修班单科学习考试合格者，发给单科合格证书，分期学完规定课程的，也应承认其相应的学历。

《决定》指出，各级党校的教师队伍必须大力加强和充实，争取在三年至五年内达到教师队伍两班制，即一部分搞教学，一部分搞科研或调查、进修。中央党校和有条件的省、自治区、直辖市党校可建立研究所。各级党校的教研人员，是社会科学理论战线的一支重要方面军，要大力开展科学研究，继续解放思想，实事求是，运用马克思列宁主义、毛泽东思想的基本原理，研究新情况、解决新问题。对教研人员，在政治思想上应严格要求；在业务上应帮助他们提高教学质量。要改善教师的教学、科研工作条件和生活条件，提高他们的政治待遇。

《决定》要求，各级党委应根据若干年内培训、轮训党政领导干部和理论骨干的任务，确定党校的规模，并按照这一规模的实际需要，适当确定党校的编制和经费。各级党校和同级各部委一样，是党委领导下的重要部门。

（七）《关于加强干部培训工作的报告》

1984年12月29日，中共中央批转中共中央组织部、中共中央宣传部《关于加强干部培训工作的报告》。中共中央在印发该报告的通知中强调，实现干部队伍革命化、年轻化、知识化、专业化，是社会主义现代化建设事业的重要组织保证。大规模、正规化地培训在职干部，提高干部队伍的政治、业务素质和经营管理水平，是实现干部队伍"四化"的根本途径之一。中央要求，各级党委要立足当前，放眼未来，下大决心，抓好干部培训这件具有战略意义的大事。干部培训工作要坚持从实际出发，注意质量，防止单纯追求指标、追求学历。对于不同层次、不同类型、不同年龄、不同文化程度的干部，要针对各自的特点确定培训目标。对于经济体制改革和国民经济发展急需的经营管理、法律、财会等方面的人才，要优先培养。对于45岁以下、不到中专文化程度的干部，要采取有力措施，加快培训速度。"老、少、边、山、穷"地区，特别是老区，自身培训干部的能力比较弱，要特别关心这些地区的干部培训工作，给予优先照顾。为了加强对干部培训工作的领导，中央决定成立中央干部教育工作领导小组，各省、自治区、直辖市党委也应成立干部教育工作领导小组。

（八）《中共中央关于建立健全省部级在职领导干部学习制度的通知》

1989年12月27日，中共中央发出《关于建立健全省部级在职领导干部学习制度的通知》。中央决定，进一步建立健全省部级在职领导干部的学习制度，通过有领导、有计划的学习培训，帮助省部级在职领导干部提高马克思主义的理论素养，增长领导干部才干。1990年，中共中央组织部针对省部级在职领导干部建立了学习培训登记制度，并制订了省部级干部的学习进修计划。

（九）《1991—1995年全国干部培训规划要点》和《1996—2000年全国干部教育培训规划》

1991年12月29日，中共中央组织部印发了《1991—1995年全国干部培训规划要点》，要求省部级在职领导干部，每届任期内，应到中央党校进修一次。五年内每年安排两期，每期100人，时间3个月。主要学习和研究马克思主义哲学、社会主义政治经济理论、党的建设理论，同时适当安排有关世界经济和政治、领导和决策理论、历史文化和科学知识等方面的讲座。

1996年5月7日，中共中央印发《1996—2000年全国干部教育培训规划》，全文共分为四部分，对1996—2000年干部教育培训工作的指导思想和基本原则、任务和要求、主要措施及建立有中国特色的干部教育体系作出了指导和要求。干部教育培训工作的指导思想是，以马克思列宁主义、毛泽东思想和邓小平建设有中国特色社会主义理论为指导，为全面贯彻党的基本路线，推进社会主义现代化建设服务，努力探索和建立有中国特色的干部教育体系。面向现代化、面向世界、面向未来，积极推进干部教育改革。以提高干部的思想政治素质为重点，结合实践锻炼，用科学的理论武装干部、用现代科技知识和人类创造的一切文明成果充实干部、用党的优良传统和作风教育干部，培养造就一支坚持走有中国特色社会主义道路、全心全意为人民服务、德才兼备、适应改革开放和社会主义现代化建设需要的干部队伍。

（十）《中共中央关于抓紧培养教育青年干部的决定》

1991年9月6日，中共中央作出《关于抓紧培养教育青年干部的决定》指出，培养教育青年干部是一项十分重要和紧迫的任务。1992年4月10日，中共中央组织部发出《〈中共中央关于抓紧培养教育青年干部的决定〉的实施意见》，提出要有计划地对青年干部进行思想理论教育，努力提高青年干部的政治业务素质。根据青年干部状况，对他们进行马克思主义基本理论的教育，进行邓小平关于建设有中国特色社会主义理论的教育。1995年1月，中共中央进一步发出《关于抓紧培养选拔优秀年轻干部的通知》。该通知强调，充分认识培养、选拔优秀年轻干部的重要性和紧迫性；明确选拔年轻干部的目标要求，坚持德才兼备的原则，改革干部选拔任用制度，改进和加强后备干部工作，加大培训力度，加强实践锻炼，严格教育管理，不仅要培养选拔一大批年轻干部担任各级领导职务，还须着眼于提高广大青年的思想政治素质与科学文化素质。

（十一）《中共中央关于学习〈邓小平文选〉第三卷的决定》

1993年11月2日，《中共中央关于学习〈邓小平文选〉第三卷的决定》指出："《邓小平文选》第三卷的出版，为我们进一步用邓小平建设有中国特色社会主义理论武装全党，统一全党的思想，教育干部和人民，提供了最好的教材和最有力的武器。从现在起，要把学习《邓小平文选》第三卷摆在党的思想建设和干部理论教育的主要地位。"1994年11月2日，《邓小平文选（1938—1965年）》和《邓小平文选（1975—1982年）》经过增补和修订，由人民出版社出版第二版，分别改称《邓小平文选》第一卷和《邓小平文选》第二卷。增补修订后出版的《邓小平文选》

第一卷、第二卷，连同1993年出版的第三卷，集中了邓小平同志在长达半个世纪中的主要著作，反映了邓小平同志把马克思主义的基本原理同中国革命和建设的具体实践相结合、同时代特征相结合形成的基本理论观点和政策策略思想，是对马克思列宁主义、毛泽东思想的继承和发展。《邓小平文选》第二卷同第三卷在内容上前后衔接、相互贯通，形成一个科学体系，这两卷成为邓小平建设有中国特色社会主义理论的奠基之作。1998年6月24日，中共中央发出《关于在全党深入学习邓小平理论的通知》，指出深入学习邓小平理论是一项重大而紧迫的任务，要求全党同志一定要进一步增强学习邓小平理论的自觉性和紧迫感，努力形成学习新高潮，将在全党开展邓小平理论学习的工作不断引向深入。

（十二）《关于新形势下加强党校工作的意见》

1994年3月，全国党校工作会议在北京召开。党中央批转了《关于新形势下加强党校工作的意见》（以下简称《意见》）。《意见》指出，当前我国改革开放和社会主义现代化建设已经进入一个新的发展阶段，要求我们比过去任何时候都更加重视党的思想理论建设，更加重视用马克思列宁主义、毛泽东思想，用邓小平建设有中国特色社会主义的理论武装广大党员和干部，更加重视党校工作，充分发挥党校的作用。要求"各级党校要努力办成轮训和培训党员领导干部，培养党的理论队伍，学习、研究、坚持和发展马克思列宁主义、毛泽东思想的重要阵地，成为干部增强党性锻炼的熔炉"。

《意见》提出，党校改革的重点是教学和科研改革，根本的问题是根据新的情况进一步贯彻好理论联系实际的方针。党校改革总的要求是，"以邓小平同志建设有中国特色社会主义的理论和党的基本路线为指导，以提高教学质量为中心，以强化科研为基础，更好地坚持理论联系实际的方针，密切联系改革开放和社会主义现代化建设的实践，正确认识和把握新时期党的干部教育工作的规律，逐步建立与完善具有中国特色的党校教学体制、科研体制、管理体制，进一步办好党校，更好地为党培养德才兼备的人才服务，为党的理论建设和党委、政府的科学决策服务，为改革开放和社会主义现代化建设服务"，"各级党委要从思想上、政治上、组织上加强对党校工作的全面领导，注重抓好领导班子建设，管好办校方向，帮助解决党校工作中的重大问题。今后考核各级党委的政绩，要把贯彻落实中央有关党校工作的指示，办好党校，作为考核内容之一"。

（十三）《努力建设高素质的干部队伍》

1996年6月21日，中共中央在人民大会堂召开座谈会，隆重庆祝中国共产党成立75周年。江泽民同志同中央其他领导一起仔细听取了优秀共产党员代表和中青年干部代表的发言，并发表了题为《努力建设高素质的干部队伍》的重要讲话。讲话指出，要保证我国改革和建设事业顺利发展，保证跨世纪宏伟目标的顺利实现，保证党和国家长治久安，大力加强干部队伍建设，提高广大干部特别是领导干部的素质，已经成为摆在全党面前的一项刻不容缓的重大任务。

（十四）《中共中央关于面向二十一世纪加强和改进党校工作的决定》

2000年6月5日，中共中央作出了《关于面向二十一世纪加强和改进党校工作的决定》。内容包括八个方面，共33条。主要内容：①进一步加强和改进党校工作，是党的事业全局和党的自身建设的迫切需要；②加大各级领导干部特别是跨世纪中青年领导干部的培训轮训力度，适度扩大党校办学规模；③以全面培养领导干部政治家素质为目标，建立和完善党校教学新布局，深化教学改革，提高教学质量；④加强重大现实和战略问题的调查研究，充分发挥党校的马克思主义理论阵地作用；⑤从造就马克思主义理论家教育家的高度，努力建设一支政治强、业务精、作风正的高素质党校教师和干部队伍；⑥努力改善党校办学条件，积极推进教学手段和基础设施的现代化建设；⑦明确党校教育的重要地位，进一步发展和完善党校教育体系；⑧切实加强和改善各级党委对党校工作的领导。

（十五）《2001年—2005年全国干部教育培训规划》

2001年1月21日，中共中央印发了《2001年—2005年全国干部教育培训规划》（以下简称《规划》）。这是进入21世纪的第一个干部教育培训五年规划。《规划》以"三个代表"重要思想为总纲，从新世纪和全党全国工作大局的高度，结合国内外形势发展的变化，围绕国民经济和社会发展第十个五年计划，对今后五年的全国干部教育培训工作作出了总体部署，是指导做好21世纪初干部教育培训工作的纲领性文件。

（十六）胡锦涛同志总结党校工作九条经验

2002年12月18日，胡锦涛同志在同中央党校校委座谈时发表了重要讲话，指出，近年来，中央十分重视党校工作，党校事业有了较大发展，党校工作积累了不少宝贵经验，形成了一些规律性的认识。主要有以下九条：一是充分认识党校的重要地位，把党校事业作为整个党的事业的重要组成部分，把党校工作放到全党全国工作大局和党的建设全局中去认识、去把握、去部署，紧紧围绕党的中心任务和干部队伍建设的需要，紧密联系改革开放和社会主义现代化建设的新形势新任务，充分发挥党校"三个阵地、一个熔炉"的重要作用。二是充分发挥党校作为党政领导干部培训轮训主渠道的作用，着眼全面提高领导干部的素质，着重搞好理论基础、世界眼光、战略思维和党性修养等方面的教育，帮助领导干部提高理论素养、领导水平和工作能力，提高拒腐防变和抵御风险的能力。三是着力抓好理论学习和武装这个首要任务，按照"学马列要精、要管用"的原则学习马克思主义基本理论，把学习邓小平理论和"三个代表"重要思想作为党校教育的中心内容，发扬理论联系实际的马克思主义学风，以我们正在做的事情为中心，切实提高学员的理论水平和运用理论解决实际问题的能力。四是正确认识党校的教学与科研的关系，切实加强和改进党校教研工作，密切关注国内外形势的发展变化，加强对中国特色社会主义经济、政治、文化建设和党的建设重大现实问题，特别是战略性、前瞻性问题的研究，以与时俱进的精神深化对马克思主义基本理论问题的研究，把出成果与出人才结合起来，为推进理论创新服务，为提高党校教学质量服务，为党委和政府的决策服务，为社会主义物质文明、政治文明、精神文明建设服务。五是坚持教学相长，充分调动党校教师和党校学员两个积极性，把发挥党校教师的理论知识优势与发挥党校学员的实际工作经验优势结合起来，取长补短，相互切磋，共同进步，不断提高党校教学水平。六是坚持解放思想、实事求是、与时俱进，发扬认真学习、民主讨论、积极探索、求真务实的风气，坚持科学探索无禁区、党校讲坛有纪律，同党中央保持思想上、政治上的高度一致，决不允许传播违反中央精神的错误观点。七是把教师队伍建设作为党校的一项重要的基础性工作来抓，提高素质，改善结构，稳定骨干，培养后俊，既努力提高现有教师的整体素质，又鼓励优秀拔尖人才脱颖而出；既严格对教师的要求和管理，又千方百计为他们的工作生活、成长进步创造必要的条件，努力建设一支高素质的党校教师队伍和党校工作者队伍。八是坚持从严治校，严格党校内部的各项规章制度，引导来校学习的领导干部以普通学员的身份自觉遵守党规党纪和校规校纪；认真解决党校办学中存在的突出问题，保证教学质量，维护党校声誉。九是切实加强对党校工作的领导，重点抓好党校领导班子建设，把握正确的办学方向，协调好党校与各有关部门的关系，帮助改善办学条件，解决实际问题。

（十七）《中共中央关于在全党兴起学习贯彻"三个代表"重要思想新高潮的通知》

《中共中央关于在全党兴起学习贯彻"三个代表"重要思想新高潮的通知》要求，"兴起学习贯彻'三个代表'重要思想新高潮，领导机关和领导干部是关键"，"要坚持以县处级以上领导干部为重点，推动全党的学习贯彻"，"以中央党校省部级领导干部培训班为依托，举办学习贯彻'三个代表'重要思想研讨班"。为落实中央提出的"对县处级以上领导干部轮训一遍"的要求，中共中央组织部会同有关部门制定了对县处级以上领导干部学习贯彻"三个代表"重要思想进行轮训的实施意见。中共中央组织部负责制定省部级领导干部、部分国有重要骨干企业领导人员和中央管理21所高校党委书记、校长的轮训计划，并负责组织实施。各省、自治区、直辖市党委和中央、国家机关各部委负责对地厅级和县处级领导干部进行轮训。中央决定，2003年9月至12月，在中央党校和国家行政学院连续举办10期省部级领导干部学习贯彻"三个代表"重要思想专题研讨班，对全国1500多名省部级领导干部进行轮训。

（十八）《干部教育培训工作条例（试行）》

2006年1月，中共中央颁布了《干部教育培训工作条例（试行）》。内容共9章57条，对干部教育培训工作的指导思想、遵循原则、适用范围、管理体制、教育培训对象、内容与方式、教育培训机构、师资教材经费、考核与评估、监督与纪律等方面作出规范，构成了完整的干部教育培训制度体系。

（十九）《关于学习〈江泽民文选〉的决定》

2006年8月10日，《江泽民文选》第一至三卷出版发行。8月13日，中共中央作出了《关于学习〈江泽民文选〉的决定》。党的高级干部带头学习理论，为全党的学习作了表率。中共中央组织部下发了《关于在各级干部中开展〈江泽民文选〉学习培训工作的通知》，各级党校、行政学院和各类干部院校把《江泽民文选》作为重要教学内容，各级党委（党组）理论学习中心组把《江泽民文选》作为学习重点，各地区各部门都大力组织对广大干部《江泽民文选》的学习培训工作，促进了全党马克思主义理论水平的不断提高。

（二十）《2006—2010年全国干部教育培训规划》

2006年10月23日，中共中央政治局召开会议，研究《2006—2010年全国干部教育培训规划》。会后以中共中央名义颁发了这一规划。内容共八个部分：一是适应"十一五"时期经济社会发展需要，进一步发挥干部教育培训工作的战略性、基础性作用；二是以科学发展观为统领，明确干部教育培训工作的指导思想、总体目标和主要任务；三是以党政干部为重点，按照分级分类和全员培训的原则，抓好党政干部、企业经营管理人员和专业技术人员的教育培训；四是坚持统筹兼顾，促进干部教育培训工作全面协调发展；五是加强基础建设，为干部教育培训提供有力保障；六是坚持改革创新，切实提高干部教育培训的质量和效益；七是坚持学以致用，大力弘扬理论联系实际的马克思主义学风；八是加强组织领导，确保"十一五"期间干部教育培训任务的全面落实。

（二十一）《关于2008—2012年大规模培训干部工作的实施意见》和《关于在干部教育培训中进一步加强学风建设的若干意见》

2008年7月16日至17日，经中央批准，中共中央组织部在北京召开了全国干部教育培训工作会议。会议的主要任务是，高举中国特色社会主义伟大旗帜，坚持以邓小平理论和"三个代表"重要思想为指导，深入贯彻落实科学发展观，回顾总结改革开放30年来干部教育培训工作的经验，根据党的十七大精神研究部署新一轮大规模培训干部工作。会议讨论了《关于2008—2012年大规模培训干部工作的实施意见》和《关于在干部教育培训中进一步加强学风建设的若干意见》。

（二十二）《公务员培训规定（试行）》

2008年6月27日，中共中央组织部、人力资源社会保障部印发《公务员培训规定（试行）》，对国家公务员的培训作了具体规定。内容共分为8章，分别是总则、培训对象、培训分类、培训方式、培训保障、培训登记与评估、监督与纪律、附则。规定自发布之日起施行，1996年6月5日印发的《国家公务员培训暂行规定》同时废止。

（二十三）《中国共产党党校工作条例》

2008年10月，中共中央颁布《中国共产党党校工作条例》，对党校的设置和领导体制、班次和学历、教学工作、科学研究工作、学员管理、队伍建设、机关党的工作、行政管理、后勤服务和经费保障、执行与监督等问题作出了具体的规定。条例共分为11章60条。

条例指出，中国共产党党校是在党委直接领导下培养党员领导干部和理论干部的学校，是党委的重要部门，是培训轮训党员领导干部的主渠道，是党的哲学社会科学研究机构。党校工作要坚持理论联系实际，坚持与时俱进、开拓创新，坚持从严治校、从严施教、从严管理，切实加强校风和学风建设。

党校教育的总体要求是，围绕党和国家工作大局，按照实事求是、与时俱进、艰苦奋斗、执政为民的要求，尊重并研究干部成长规律和党校教育规律，针对干部成长的特点和需求，以马克思主义理论特别是中国特色社会主义理论体系为主课，培养忠诚于中国特色社会主义事业、德才兼备的党员领导干部和理论干部。

党校的基本任务是，培训轮训各级党员领导干部及后备干部，培养理论干部；承办党委和政府举办的专题研讨班；围绕国际国内出现的新情况新问题开展科学研究，承担党委和政府下达的调研任务，推进理论创新；针对改革开放和社会主义现代化建设进程中的重大理论和现实问题，开展马克思主义中国化最新成果的理论宣传，开展党的路线方针政策的宣传；按照国家有关法律法规和政策规定，开展学位研究生及其他形式的干部继续教育和培训；开展同国内国（境）外教育、研究等机构和组织的合作与交流。

（二十四）《2010—2020年干部教育培训改革纲要》

2010年6月，中共中央办公厅印发了《2010—2020年干部教育培训改革纲要》(以下简称《纲要》)。《纲要》是我们党第一个全面部署干部教育培训改革的规划性文件。中共中央下发《纲要》，标志着干部教育培训改革进入重点突破、全面深化的新阶段。《纲要》从干部教育培训改革的重要性和紧迫性，以及改革的指导思想、基本原则和主要目标、办学体制改革、运行机制改革、内容方式改革、师资管理改革、宏观管理改革、加强组织领导八个方面共29条，对干部教育的改革进行了系统阐述，提出了明确要求。

第七章

中国特色社会主义新时代中国共产党干部教育文献

党的十八大以来，中国特色社会主义进入新时代。习近平总书记关于干部教育的一系列重要思想，继往开来，进一步深化和拓展了中国共产党的创新理论，为加强党的干部教育理论与实践发展提供了更加有力的思想指导和理论依托。党的干部教育工作不断实现新发展、取得新成果、达到新境界。综观这一时期干部教育的主要文献，党的干部教育工作的实践进程是与实现中国式现代化伟大实践的发展进程紧密相联、同步推进的，干部教育作用的充分发挥，在干部选拔任用、管理监督及干部制度的改革创新等各方面都积累了极为丰富的实践经验，对于深刻认识和把握干部工作的内在规律具有重要意义，对做好今后的干部教育工作具有重要作用。以下是这一时期的实践历程和一些具有代表性的文献。

一、实践历程

自党的十八大胜利召开以来，干部教育培训工作始终坚决落实党中央的一系列决策部署，持续深化改革与创新，以培养造就好干部为主题，以服务党和国家工作大局为主线，以坚定理想信念为首要任务，通过科学设置培训课程，优化培训内容，注重培训方式方法创新，运用现代信息技术，提升培训的针对性和实效性，确保培训工作与时俱进，全力推进干部的理论素养提升、党性锤炼及专业技能培训，满足新时代对干部能力素质的新要求，实现了在稳健中不断进步，展现出蓬勃的发展活力与盎然生机。

中央每年组织针对省部级主要领导干部的专题研讨班，同时各地区、各部门也积极响应，逐级抓好"一把手"教育培训工作。这一系列举措有力地推动了在全党范围内形成浓厚的学习氛围，并促使所有干部踊跃参与培训活动，从而逐步构建起一个全党上下深入学习、全体干部广泛参与培训的积极而良好的发展格局；加强全局谋划与制度建设，深化顶层设计理念，中共中央印发《干部教育培训工作条例》、《中国共产党党校（行政学院）工作条例》和《2013—2017年全国干部教育培训规划》、《2018—2022年全国干部教育培训规划》、《全国干部教育培训规划（2023—2027年）》，干部教育培训工作在制度化、规范化、科学化的道路上迈出了新的步伐，取得了显著成就。务必把习近平新时代中国特色社会主义思想作为理论武装的重点，坚定不移地贯彻执行，确保其成为各级党校（行政学院）、干部学院的必修课程。组织干部认认真真、原原本本地研读《习近平谈治国理政》第一、第二、第三、第四卷，《习近平总书记系列重要讲话读本》等著作，读原著、学原文、悟原理，力求让干部能够深刻理解和把握马克思主义中国化的最新理论成果，以此武装他们的思想，指导其实际行动，确保理论与实践紧密结合。党的十八届、十九届各次中央全会召开后，及时举办省部级主要领导干部专题研讨班。中央有关部门精心策划并成功举办多期专题研讨班，圆满完成了对省部级领导干部的全覆盖轮训。同时，采取分期分批的方式，对全国超过1500名高校党委书记和校长进行了系统的集中轮训，并组织2800多名县委书记参与深入的理论研修活动，以进一步提升其理论素养和实践能力。各地区各部门广泛开展县处级及以上干部的集中轮训，紧密结合马克思主义基本原理与中国特色社会主义理论体系的教学培训，将学习贯彻习近平新时代中国特色社会主义思想融入其中，切实加大了理论武装的力度与深度。在此坚实的基础上，持续推进一系列重要的干部教育活动。首先，党的群众路线教育实践活动得以深入开展；随后，"三严三实"专题教育也被广泛推行；紧接着，"两学一做"学习教育、"不忘初心、牢记使命"主题教育、党史学习教育，以及学习贯彻习近平新时代中国特色社会主义思想主题教育和党纪学习教育等，均得到了积极的组织与实施。这一系列的教育活动，旨在全面提升干部队伍的思想觉悟、理论素养和实践能力，确保他们始终坚守初心、牢记使命，为党和人民的事业不懈奋斗。这一系列的教育活动，不仅实现了对广大党员与干部的广泛培训和系统轮训，更有力推动了党的创新理论深度融入教材体系、课堂教学和党员干部的思想深处。这一系列举措确保了全党在思想上高度统一，意志上更加坚定，行动上协调一致，进而凝聚起了无坚不摧的强大战斗力。通过这一系列持之以恒的努力，我们党显著增强了自身的政治领导力、思想引领力、群众组织力及社会号召力。这些能力的全面提升，为实现中华民族伟大复兴的中国梦提供了坚强有力的政治保障，确保了我们党能够团结带领全国各族人民，不断开创中国特色社会主义事业的新局面。中共中央组织部正式发布了关于深化与改进党性教育工作的全面部署文件。依据该文件精神，将充分利用井冈山干部学院与延安干部学院的丰富资源，采取科学合理的分期分批培训模式，每年定期举办面向领导干部的党性教育专题培训班。此举旨在通过系统化的培训，进一步提升领导干部的党性修养，强化其政治担当和使命意识。

在其他国家级培训机构的主体班次中，党性教育模块均得到了深度融合与应用，并且精心设计了专门的党性教育课程。充分发挥党校（行政学院）及干部院校作为党性教育核心渠道与关键阵地不可替代的作用，特别强调并加大了对党章及新形势下党内政治生活若干准则、廉洁自律准则、纪律处分条例、党内监督条例等党规党纪的学习与教育力度。与此同时，还广泛深入地开展了关于党的宗旨、党史、新中国史、改革开放史、社会主义发展史及党的优良传统和作风等方面的教育培训工作。各地深入挖掘红色资源的丰富内涵，成功打造了一系列彰显地方特色的党性教育实践基地，极大提升了党性教育的吸引力和感染力。在此基础上，各地区积极深化对红色资源深厚底蕴的探索，精心构建了一系列凸显地域特色的党性教育实践平台，这些平台不仅彰显了地方文化精髓，而且极大增强了党性教育的魅力与感染力，使之成为更具吸引力和影响力的教育阵地。

各地区、各部门紧密围绕统筹推进"五位一体"总体布局，协调推进"四个全面"战略布局的总体要求，严格遵循"干什么训什么、缺什么补什么"的原则，精准高效地组织开展了各类专题培训活动，确保了培训内容与实际工作需求的高度契合，进一步提升了干部队伍的综合素质和专业能力。中共中央组织部精心策划并举办了换届后新任市委书记的培训班，同时，委托财政部、生态环境部、住房城乡建设部等10多个重要部委，每年度策划并举办了超过20个专题研究班，内容覆盖财税体制改革、生态环境保护、城乡规划等多个关键领域。此外，中共中央组织部还充分利用北京大学、清华大学等国内顶尖高等学府的优质教育资源，每年为中央及国家机关的司局级领导干部量身定制超过40期的专题研讨班，这些课程深入探讨了金融管理、商贸流通、党的建设等多个重要议题。

为了更有效地强化和改进党对国有企业的领导，并全力推进完善现代企业制度等重点任务的实施，组织了一系列专题培训班。这些培训班的内容广泛而深入，不仅涵盖了国有企业党的建设理论与实践，还深入探讨了国有企业兼并重组的策略与智慧，以及混合所有制改革的路径与探索等多个关键领域。这些培训旨在全面提升国有企业领导人员的政治素养、战略视野和管理能力，为国有企业的高质量发展注入新的活力与动力。

各地区、各部门正集中力量，全力推进培训机构、师资队伍、课程教材等基础建设的强化与升级，致力于持续整合并高效优化干部教育培训的各类资源。在此基础上，稳步推动市县党校办学体制的改革与创新，旨在将基层党校构筑得更加坚实稳固，不仅要提升其教学能力，更要彰显其地方特色与实际成效，使之成为培养高素质干部队伍的坚实阵地。

我们党始终秉承开放办学的理念，已经广泛构建起了"党校（行政学院）＋高校基地＋现场教学基地"的一主多元办学格局。同时，积极运用大数据与"互联网＋"等前沿技术，成功打造了中国干部网络学院等一系列网络培训平台，这些平台不仅实现了优质培训资源的互联互通，更促进了资源的共建共享，使广大干部能够跨越地域限制，随时随地获取丰富多样的学习资源，极大拓宽、延展了干部教育培训的广度与深度。

在师资队伍的建设上，坚守政治合格的首要标准，致力于锻造一支融合专职与兼职教师的高水平教学队伍。实施骨干教师重点培育计划，通过讲课竞赛与精品课程评选活动，为青年教师搭建起一个既促进个人成长又能展现卓越才华的宽广舞台。同时，积极倡导并推动领导干部上讲台，并邀请一大批兼具深厚实践经验和卓越理论素养的专家学者、先进模范人物等，担任干部教育培训的兼职教师。以期丰富教学内容，引入多元化的视角与智慧，有效提高培训的整体质量。

我们党积极组织并深入开展了关于习近平新时代中国特色社会主

义思想课程体系建设的课题研究，编写并出版了第四批、第五批及第六批全国干部学习培训教材，这一系列教材获得了习近平总书记的亲自作序，充分体现了党中央对干部教育培训教材工作的高度重视与深切关怀。这些教材不仅为干部学习提供了权威、准确的知识资源，更为推动全党深入学习贯彻习近平新时代中国特色社会主义思想提供了坚实支撑。

我们党积极开展了全国干部教育培训好课程、好教材的推荐遴选工作，旨在发掘和推广优质教育资源。特别注重促进这些优质资源向欠发达地区及基层倾斜，通过优化配置，确保更广泛的干部群体能够享受到高质量的教育培训。坚持在国家级干部教育培训机构为西藏、新疆、宁夏、青海、云南、贵州及东北地区专门开设专题培训班次，这一举措不仅体现了对这些地区干部队伍建设的高度重视，也有效促进了区域间的教育资源共享与协同发展。此外，坚持每年举办"送教下基层"活动，确保将高质量的教育培训资源直接送达需求最为迫切的地区，以满足基层干部的学习需求。原国务院扶贫办对此积极响应，深入贯彻落实扶贫开发战略，为贫困地区及扶贫工作干部提供了宝贵的培训机会。这些举措不仅提高了贫困地区干部的专业能力和综合素质，更为打赢脱贫攻坚战提供了强大的智力支持和人才保障。

为落实全面从严治党的要求，中共中央组织部制定印发《关于在干部教育培训中进一步加强学员管理的规定》，针对干部教育培训领域存在的不良风气，特制定具体规定，并确保其得到有效执行。深入各级干部教育培训机构，全面开展学风督查工作，对于违反培训纪律规定的行为，采取严肃的处理措施，坚决维护教育培训环境的纯正性和高效性。这一系列举措不仅彰显了党对学风建设的高度重视，也有效促进了干部教育培训工作的规范化、制度化发展。专项开展了领导干部参与高收费社会化培训的清理整顿行动。随着全面从严治党工作的持续深化与不断推进，干部教育培训领域面貌焕然一新。这一积极变化不仅体现在培训内容的丰富性、培训形式的多样性上，更体现在培训纪律的严明性、培训效果的显著性上，为培养造就一支忠诚干净担当的高素质干部队伍提供了有力支撑。

回望中国共产党波澜壮阔的百年征程，干部教育培训的壮丽历程，无疑是党不懈奋斗、勇于理论创新、不断加强自身建设的光辉历史见证。从革命战争年代的艰苦磨砺，到和平建设时期的辛勤耕耘，再到改革开放和社会主义现代化建设新时期的开拓创新，干部教育培训始终伴随党的成长壮大，为党的事业培养了一批又一批忠诚干净担当的高素质干部。

如今，中国共产党正引领全国各族人民，意气风发地迈上实现第二个百年奋斗目标的新征程。在这个关键的历史节点上，我们必须更加坚定地高举中国特色社会主义伟大旗帜，以马克思列宁主义、毛泽东思想、邓小平理论、"三个代表"重要思想、科学发展观、习近平新时代中国特色社会主义思想为指引，不忘初心、牢记使命，不断坚定理想信念，践行党的根本宗旨。我们要深刻认识到，干部教育培训事业是党的事业的重要组成部分，是提升干部队伍素质、推动党的事业不断前进的重要保障。因此，我们必须以更加饱满的热情、更加务实的作风、更加创新的思路，奋力开创党的干部教育培训事业的新篇章，为全面建设社会主义现代化国家、实现中华民族伟大复兴的中国梦提供坚强的人才保障和智力支持。

二、主要文献

（一）著作类

　　党和国家领导人论干部教育及干部教育活动的文集是具有原始史料价值的干部教育文献。党的十八大以来，习近平总书记的思想论述对党的干部教育活动、干部教育发展、干部教育成就影响深远，所产生的理论文献是干部教育文献的重要组成部分，所汇集的思想、实践、论述也成为研究干部教育事业发展的重要资源。这些著作不仅是研究干部教育的原始资料，也是研究党的历史及党的路线方针政策的重要理论资源。

1.习近平总书记著作及讲话

《习近平经济文选》第一卷，中央文献出版社2025年3月。

《论坚持和完善人民代表大会制度》，中央文献出版社2024年12月。

习近平：《论教育》，中央文献出版社2024年9月。

《习近平谈"一带一路"（2023年版）》，中央文献出版社2023年12月。

习近平：《论科技自立自强》，中央文献出版社2023年5月。

《习近平著作选读》第一卷、第二卷，人民出版社2023年4月。

习近平：《论党的自我革命》，党建读物出版社2023年4月。

《习近平谈治国理政》第四卷，外文出版社2022年6月。

习近平：《论党的青年工作》，中央文献出版社2022年6月。

习近平：《论"三农"工作》，中央文献出版社2022年6月。

《习近平外交演讲集》第一卷、第二卷，中央文献出版社2022年

5月。

《习近平书信选集》第一卷，中央文献出版社2022年2月。

习近平：《论坚持人与自然和谐共生》，中央文献出版社2022年1月。

习近平：《论坚持人民当家作主》，中央文献出版社2021年11月。

习近平：《论把握新发展阶段、贯彻新发展理念、构建新发展格局》，中央文献出版社2021年8月。

习近平：《论中国共产党历史》，中央文献出版社2021年2月。

习近平：《论坚持全面依法治国》，中央文献出版社2020年12月。

习近平：《论党的宣传思想工作》，中央文献出版社2020年11月。

《习近平第二届中国国际进口博览会重要讲话》（汉英对照版），外文出版社2020年9月。

《习近平亚洲文明对话大会重要讲话》（汉英对照版），外文出版社2020年7月。

《习近平谈治国理政》第三卷，外文出版社2020年6月。

《习近平第二届"一带一路"国际合作高峰论坛重要讲话》（汉英对照版），外文出版社2020年5月。

《习近平庆祝中华人民共和国成立70周年重要讲话》（汉英对照版），外文出版社2020年1月。

习近平：《论坚持党对一切工作的领导》，中央文献出版社2019年10月。

《习近平2018年中非合作论坛北京峰会重要讲话》（汉英对照版），外文出版社2019年10月。

《习近平博鳌亚洲论坛2018年年会重要讲话》（汉英对照版），外文出版社2019年7月。

《习近平上海合作组织青岛峰会重要讲话》（中俄对照版），外文出版社2019年4月。

《习近平谈"一带一路"》，中央文献出版社2018年12月。

习近平：《论坚持全面深化改革》，中央文献出版社2018年12月。

习近平：《论坚持推动构建人类命运共同体》，中央文献出版社2018年10月。

《习近平金砖国家领导人厦门会晤重要讲话》（汉英对照版），外文出版社2018年8月。

《习近平"一带一路"国际合作高峰论坛重要讲话》（汉英对照版），外文出版社2017年12月。

《习近平谈治国理政》第二卷，外文出版社2017年11月。

习近平：《知之深 爱之切》，河北人民出版社2015年12月。

习近平：《做焦裕禄式的县委书记》，中央文献出版社2015年8月。

《习近平谈治国理政》第一卷，外文出版社2014年10月。

习近平：《摆脱贫困》，福建人民出版社2014年8月。

习近平：《干在实处 走在前列》，中共中央党校出版社2013年10月。

习近平：《之江新语》，浙江人民出版社2007年8月。

2.论述摘编

中共中央党史和文献研究院编《习近平关于加强党的作风建设论述摘编》，中央文献出版社2025年2月。

中共中央党史和文献研究院编《习近平关于自然资源工作论述摘编》，中央文献出版社2024年11月。

中共中央党史和文献研究院编《习近平关于健康中国论述摘编》，中央文献出版社2024年10月。

中共中央党史和文献研究院编《习近平关于治水论述摘编》，中央文献出版社2024年10月。

中共中央党史和文献研究院编《习近平关于国家能源安全论述摘编》，中央文献出版社2024年6月。

中共中央党史和文献研究院编《习近平关于全面加强党的纪律建设论述摘编》，中央文献出版社2024年5月。

中共中央党史和文献研究院编《习近平关于人才工作论述摘编》，中央文献出版社2024年4月。

中共中央党史和文献研究院编《习近平关于金融工作论述摘编》，中央文献出版社2024年3月。

中共中央党史和文献研究院编《习近平关于中国式现代化论述摘编》，中央文献出版社2023年11月。

中共中央党史和文献研究院编《习近平关于基层治理论述摘编》，中央文献出版社2023年10月。

中共中央党史和文献研究院编《习近平关于工人阶级和工会工作论述摘编》，中央文献出版社2023年9月。

中共中央党史和文献研究院、中央学习贯彻习近平新时代中国特色社会主义思想主题教育领导小组办公室编《习近平新时代中国特色社会主义思想专题摘编》，中央文献出版社、党建读物出版社2023年4月。

中共中央党史和文献研究院、中央学习贯彻习近平新时代中国特色社会主义思想主题教育领导小组办公室编《习近平新时代中国特色社会主义思想的世界观和方法论专题摘编》，中央文献出版社、党建读物出版社2023年4月。

中共中央党史和文献研究院、中央学习贯彻习近平新时代中国特色社会主义思想主题教育领导小组办公室编《习近平关于调查研究论述摘编》，中央文献出版社、党建读物出版社2023年4月。

中共中央党史和文献研究院编《习近平关于国家粮食安全论述摘编》，中央文献出版社2023年3月。

中共中央党史和文献研究院编《习近平关于城市工作论述摘编》，中央文献出版社2023年2月。

中共中央党史和文献研究院编《习近平关于依规治党论述摘编》，中央文献出版社2022年10月。

中共中央党史和文献研究院编《习近平关于社会主义精神文明建设论述摘编》，中央文献出版社2022年9月。

中共中央纪律检查委员会、中华人民共和国国家监察委员会、中共中央党史和文献研究院编《习近平关于坚持和完善党和国家监督体系论述摘编》，中国方正出版社、中央文献出版社2022年1月。

中共中央党史和文献研究院编《习近平关于全面从严治党论述摘编》(2021年版)，中央文献出版社2021年6月。

中共中央党史和文献研究院编《习近平关于注重家庭家教家风建设论述摘编》，中央文献出版社2021年3月。

中共中央党史和文献研究院编《习近平关于网络强国论述摘编》，中央文献出版社2021年1月。

中共中央党史和文献研究院编《习近平关于统筹疫情防控和经济社会发展重要论述选编》，中央文献出版社2020年10月。

中共中央党史和文献研究院编《习近平关于防范风险挑战、应对突发事件论述摘编》，中央文献出版社2020年9月。

中共中央党史和文献研究院编《习近平关于力戒形式主义官僚主义重要论述选编》，中央文献出版社2020年5月。

中共中央党史和文献研究院编《习近平关于中国特色大国外交论述摘编》，中央文献出版社2020年1月。

中共中央党史和文献研究院、中央"不忘初心、牢记使命"主题教育领导小组办公室编《习近平关于"不忘初心、牢记使命"论述摘编》，党建读物出版社、中央文献出版社2019年9月。

中共中央党史和文献研究院编《习近平关于"三农"工作论述摘编》，中央文献出版社2019年4月。

中共中央党史和文献研究院编《习近平扶贫论述摘编》，中央文献出版社2018年8月。

中共中央党史和文献研究院编《习近平关于总体国家安全观论述摘编》，中央文献出版社2018年4月。

中共中央文献研究室编《习近平关于社会主义文化建设论述摘编》，中央文献出版社2017年10月。

中共中央文献研究室编《习近平关于社会主义社会建设论述摘编》，中央文献出版社2017年10月。

中共中央文献研究室编《习近平关于社会主义生态文明建设论述摘编》，中央文献出版社2017年9月。

中共中央文献研究室编《习近平关于社会主义政治建设论述摘编》，中央文献出版社2017年8月。

中共中央文献研究室编《习近平关于青少年和共青团工作论述摘编》，中央文献出版社2017年8月。

中共中央文献研究室编《习近平关于社会主义经济建设论述摘编》，中央文献出版社2017年6月。

中共中央文献研究室编《习近平关于全面从严治党论述摘编》，中央文献出版社2016年12月。

中共中央文献研究室编《习近平关于全面建成小康社会论述摘编》，中央文献出版社2016年6月。

中共中央纪律检查委员会、中共中央文献研究室编《习近平关于严明党的纪律和规矩论述摘编》，中央文献出版社、中国方正出版社2016年1月。

中共中央文献研究室编《习近平关于科技创新论述摘编》，中央文献出版社2016年1月。

中共中央文献研究室编《习近平关于协调推进"四个全面"战略布局论述摘编》，中央文献出版社2015年10月。

中共中央纪律检查委员会、中共中央文献研究室编《习近平关于党风廉政建设和反腐败斗争论述摘编》，中央文献出版社2015年1月。

中共中央文献研究室编《习近平关于全面依法治国论述摘编》，中央文献出版社2014年5月。

中共中央文献研究室编《习近平关于全面深化改革论述摘编》，中央文献出版社2014年5月。

中共中央文献研究室、中央党的群众路线教育实践活动领导小组办公室编《习近平关于党的群众路线教育实践活动论述摘编》，党建读物出版社、中央文献出版社2014年4月。

中共中央文献研究室编《习近平关于实现中华民族伟大复兴的中国梦论述摘编》，中央文献出版社2013年12月。

3.学习读本

中共中央宣传部、中华人民共和国生态环境部：《习近平生态文明思想学习问答》，学习出版社、人民出版社2025年1月。

中共中央组织部：《习近平总书记关于党的建设的重要思想概论》，

党建读物出版社2025年1月。

中共中央统一战线工作部、中华人民共和国国家民族事务委员会：《习近平总书记关于加强和改进民族工作的重要思想学习读本》，人民出版社、民族出版社2024年12月。

中共中央统一战线工作部：《习近平总书记关于做好新时代党的统一战线工作的重要思想学习读本》，人民出版社2024年12月。

中共中央宣传部编《习近平文化思想学习纲要》，学习出版社、人民出版社2024年12月。

工业和信息化部编《习近平总书记关于制造强国的重要论述学习读本》，人民出版社2023年12月。

中共中央宣传部、中华人民共和国外交部编《习近平外交思想学习纲要》，学习出版社、人民出版社2023年10月。

中共中央宣传部、中央全面依法治国委员会办公室编《习近平法治思想学习问答》，学习出版社、人民出版社2023年8月。

中央农村工作领导小组办公室编《习近平关于"三农"工作的重要论述学习读本》，人民出版社、中国农业出版社2023年4月。

中共中央宣传部编《习近平新时代中国特色社会主义思想学习纲要》（2023年版），学习出版社、人民出版社2023年4月。

中共中央宣传部、中央军委政治工作部编《习近平强军思想学习问答》，解放军出版社、人民出版社2022年8月。

中共中央宣传部、中华人民共和国生态环境部编《习近平生态文明思想学习纲要》，学习出版社、人民出版社2022年7月。

中共中央宣传部、中华人民共和国国家发展和改革委员会编《习近平经济思想学习纲要》，学习出版社、人民出版社2022年6月。

中共中央宣传部、中央国家安全委员会办公室编《总体国家安全观学习纲要》，学习出版社、人民出版社 2022 年 4 月。

中共中央宣传部、中央全面依法治国委员会办公室编《习近平法治思想学习纲要》，学习出版社、人民出版社 2021 年 11 月。

本书编写组编《习近平法治思想概论》高等教育出版社 2021 年 9 月。

中共中央宣传部、中华人民共和国外交部编《习近平外交思想学习纲要》，学习出版社、人民出版社 2021 年 8 月。

中共中央宣传部编《习近平新时代中国特色社会主义思想学习问答》，学习出版社、人民出版社 2021 年 2 月。

中共中央党史和文献研究院编《习近平新时代中国特色社会主义思想学习论丛》第一辑至第五辑，中央文献出版社 2020 年 12 月。

中共中央宣传部编《习近平新时代中国特色社会主义思想学习纲要》，学习出版社、人民出版社 2019 年 6 月。

中共中央宣传部编《习近平新时代中国特色社会主义思想三十讲》，学习出版社 2018 年 5 月。

中共中央宣传部编《习近平总书记系列重要讲话读本》（2016 年版），学习出版社、人民出版社 2016 年 4 月。

中共中央宣传部编《习近平总书记在文艺工作座谈会上的重要讲话学习读本》，学习出版社 2015 年 10 月。

4.案例选

全国干部培训教材编审指导委员会办公室组织编写《学习贯彻习近平新时代中国特色社会主义思想 打赢新冠肺炎疫情防控人民战争总体战阻击战案例》，党建读物出版社 2021 年 3 月。

中共中央组织部组织编写《贯彻落实习近平新时代中国特色社会

主义思想在改革发展稳定中攻坚克难案例 政治建设》，党建读物出版社2019年7月。

中共中央组织部组织编写《贯彻落实习近平新时代中国特色社会主义思想在改革发展稳定中攻坚克难案例 经济建设》，党建读物出版社2019年7月。

中共中央组织部组织编写《贯彻落实习近平新时代中国特色社会主义思想在改革发展稳定中攻坚克难案例 防范化解重大风险》，党建读物出版社2019年7月。

中共中央组织部组织编写《贯彻落实习近平新时代中国特色社会主义思想在改革发展稳定中攻坚克难案例 社会建设》，党建读物出版社2019年7月。

中共中央组织部组织编写《贯彻落实习近平新时代中国特色社会主义思想在改革发展稳定中攻坚克难案例 文化建设》，党建读物出版社2019年7月。

中共中央组织部组织编写《贯彻落实习近平新时代中国特色社会主义思想在改革发展稳定中攻坚克难案例 党的建设》，党建读物出版社2019年7月。

中共中央组织部组织编写《贯彻落实习近平新时代中国特色社会主义思想在改革发展稳定中攻坚克难案例 生态文明建设》，党建读物出版社2019年7月。

5.工作生活经历

本书编写组：《习近平与大学生朋友们》第二卷，中国青年出版社2024年4月。

本书编写组：《习近平走进百姓家》，中国妇女出版社2022年12月。

本书编写组编《习近平的扶贫足迹》，新华出版社2022年10月。

本书编写组编《习近平的小康情怀》，人民出版社2022年10月。

本书编写组编《让群众过上好日子——习近平正定足迹》等四部，人民出版社、河北人民出版社2022年4月。

中央党校采访实录编辑室：《习近平在上海》，中共中央党校出版社2022年2月。

中央党校采访实录编辑室：《习近平在浙江》，中共中央党校出版社2021年12月。

中央党校采访实录编辑室：《习近平在福建》，中共中央党校出版社2021年7月。

李春雷：《朋友——习近平与贾大山交往纪事》，中国言实出版社2021年3月。

特约调研组：《习近平调研指导过的贫困村脱贫纪实》，人民出版社2021年1月。

本书编写组：《习近平与大学生朋友们》，中国青年出版社2020年10月。

《人民日报》海外版编《习近平扶贫故事》，商务印书馆2020年9月。

中央党校采访实录编辑室：《习近平在福州》，中共中央党校出版社2020年7月。

中央党校采访实录编辑室：《习近平在宁德》，中共中央党校出版社2020年1月。

中央党校采访实录编辑室：《习近平在厦门》，中共中央党校出版社2020年1月。

新华社总编室编《治国理政新实践——习近平总书记重要活动通

讯选（一）》，新华出版社2019年6月。

新华社总编室编《治国理政新实践——习近平总书记重要活动通讯选（二）》，新华出版社2019年6月。

中央党校采访实录编辑室：《习近平在正定》，中共中央党校出版社2019年3月。

本书编写组编《梁家河》，陕西人民出版社2018年5月。

中央党校采访实录编辑室：《习近平的七年知青岁月》，中共中央党校出版社2017年8月。

（二）政策文件类

党的干部教育相关政策类型文件是具有原始史料价值的干部教育文献。党的干部教育文件主要指党的纲领、章程、宣言、决议、工作报告、计划、总结、指示等，也包括受党的委托，以个人名义发表的报告、著作、文章等。有的是作为档案保存的，成为档案的一部分；有的则印刷出来，或内部传阅，或公开发行。这些文件的内容全面展现了新时代以来的干部教育思想、理论、方针、政策，所呈现类型包括行政法规、决议、意见、办法、通知等。这是干部教育文献中极为重要的部分，是干部教育文献研究的重要对象。

1.中共中央组织部印发《关于在干部教育培训中进一步加强学员管理的规定》

2013年2月，中共中央组织部印发《关于在干部教育培训中进一步加强学员管理的规定》（以下简称《规定》），旨在遵循中央八项规定的核心精神，促使各地各部门强化学员管理，有效改进干部教育培训的学习风气。《规定》着重指出，参与学习培训的干部需秉持正确的学习态度，树立学员意识，并严格遵守所有关于学习培训及廉洁自律的规定，将主要精力集中在学习上，确保培训任务的圆满完成。同时，干部管理部门及教育培训机构要向参训干部明确提出各项要求。2013年4月，中共中央组织部成立了9个督查组，开展《规定》贯彻落实情况督查工作，赴国家级干部教育培训机构和北京、山西等21个省、自治区、直辖市开展抽查工作。抽查结果显示，各地在学风治理方面得到明显改观。

2019年12月，中共中央组织部结合干部教育培训工作实际，对《规定》进行修订，印发《干部教育培训学员管理规定》，进一步强调政治纪律和政治规矩要求，突出全链条管理，对食宿管理、学习管理进行了严格的规定，严明处理措施与管理职责界限，有助于严肃培训纪律、强化学员管理、改进干部教育培训学风。

2.中共中央印发《关于在全党深入开展党的群众路线教育实践活动的意见》

党的十八大提出，要在全党深入开展以"为民、务实、清廉"为主要内容的党的群众路线教育实践活动。这是党要管党、全面从严治党的重大决策，是加强学习型、服务型、创新型马克思主义执政党建设的重大部署。

2013年5月9日，中共中央印发《关于在全党深入开展党的群众路线教育实践活动的意见》。6月18日，召开党的群众路线教育实践活动工作会议，对党的群众路线教育实践活动进行动员与具体部署。教育实践活动从2013年下半年开始，自上而下分2批开展，每批半年时间，2014年9月底基本结束。教育实践活动分为3个环节。一是学习教育、听取意见。二是查摆问题、开展批评。三是重点针对作风方面存在的问题，提出解决对策，制定和落实整改方案，对一些突出问题进行集中治理。

2014年10月8日，召开党的群众路线教育实践活动总结大会。习近平总书记强调，全面从严治党必须具体地而不是抽象地、认真地而不是敷衍地落实到位。

3.中共中央印发《2013—2017年全国干部教育培训规划》

2013年9月，中共中央印发《2013—2017年全国干部教育培训规划》(以下简称《规划》)。《规划》指出，干部教育培训是建设高素质干部队伍的先导性、基础性、战略性工程，在推进中国特色社会主义伟大事业和党的建设新的伟大工程中具有不可替代的重要地位和作用。《规划》对干部教育培训的指导思想、基本原则、重点培训内容等作出了规定。

《规划》提出，要着眼培养造就一支政治坚定、能力过硬、作风优良、奋发有为的执政骨干队伍，以理论武装为根本、党性教育为核心、能力提升为主线，加强县处级及以上领导班子成员特别是党政主要负责同志的培训。《规划》要求，各级政府要将干部教育培训经费列入年度财政预算，保证工作需要；各级党委（党组）要把干部教育培训工作纳入本地区本部门工作规划，加强领导，统筹安排，整体部署。

中共中央组织部对《规划》实施情况开展了中期和5年总结评估工作。干部教育培训以培养造就党和人民需要的好干部为目标，聚焦主责主业，深化改革创新，健全制度机制，加强学风建设，各方面工作迈出新步伐，为党和国家事业发展提供了有力支撑。

4.中共中央组织部印发《关于在干部教育培训中进一步加强和改进党性教育的意见》

2013年10月，中共中央组织部印发《关于在干部教育培训中进一步加强和改进党性教育的意见》(以下简称《意见》)，对加强党员干部党性教育，保持和发展党的先进性和纯洁性提出明确要求。

《意见》阐述了加强、改进党性教育的重要性与紧迫性，明确党性教育的主要任务。一是加强马克思主义理论特别是中国特色社会主义理论体系教育，二是加强党的宗旨和群众路线教育，三是加强党章和党纪党风教育，四是加强社会主义核心价值体系教育。《意见》要求将党性教育贯穿干部教育培训的全过程。组织人事部门抓好统筹，将党性教育纳入规划计划，明确目标任务，提出具体要求。各级党校、行政学院、干部学院要把党性教育作为干部培训的重要任务，落实到教学、科研、管理等各环节。《意见》要求切实增强党性教育的针对性与实效性。精准把握新时代党员干部队伍的现状与特质，以问题导向为核心，着重内在世界观的重塑，坚守理论与实践、历史与当下、内涵与表象的有机统一，融合普遍性与特殊性的双重要求，持续革新手段与策略，有效增强党性教育的说服力、感染力及持久性。

《意见》要求进一步加强党性教育基础建设。一是抓好党性教育师资、课程、教材与基地建设。二是健全党性教育考核评估、成果运用等制度措施。三是积极开展党性教育课题研究，搭建学术交流平台，深入研究党性教育历史经验，总结创新实践，深化规律认知，为提高党性教育水平提供理论支持。

《意见》颁布以来，各级各部门积极履行职责，认真推动实施。中共中央组织部依托井冈山干部学院、延安干部学院，每年定期举办领导干部党性教育专题班，分批次对干部进行培训。此外，其他国家级培训机构也在其主体班次中增设了党性教育环节，并专门设置了相关课程。

5.中共中央组织部印发《关于做好县处级以上领导干部学习贯彻习近平总书记系列重要讲话精神集中轮训工作的通知》

2013年10月，中共中央组织部印发《关于做好县处级以上领导干部学习贯彻习近平总书记系列重要讲话精神集中轮训工作的通知》(以下简称《通知》)。本次集中轮训工作自2013年10月启动，于2014年6月底完成。所有县处级以上领导干部均需参与，确保每人至少完成一次为期5日的集中培训。《通知》指出，党的十八大以来，习近平总书记围绕改革发展稳定、内政外交国防、治党治国治军，发表了一系列重要讲话，提出了许多治国理政的新思想新观点新要求，是党的十八大精神的深化和拓展，是中国特色社会主义理论体系的丰富和发展，是实现"两个一百年"奋斗目标、实现中华民族伟大复兴的中国梦的行动指南。认真学习贯彻习近平总书记系列重要讲话精神，对于高举中国特色社会主义伟大旗帜，深入学习贯彻党的十八大精神，进一步统一思想、统一意志、统一行动，不断开创中国特色社会主义事业新局面，具有十分重要的意义。

《通知》要求切实加强组织领导，充分发挥领导干部的带头作用。各级组织人事部门要在党委(党组)的统一领导下，结合实际，制定轮训实施方案，抓好落实，以实际行动推动习近平总书记系列重要讲话精神学习培训工作不断深入。

从2013年11月开始，中央有关部门在中央党校连续举办7期省部级干部学习贯彻习近平总书记系列重要讲话精神研讨班。各地区各部门积极响应，迅速行动，掀起学习贯彻习近平总书记系列重要讲话精神的热潮。

6. 中共中央办公厅印发《2014—2018年全国党员教育培训工作规划》

2014年6月，中共中央办公厅印发《2014—2018年全国党员教育培训工作规划》（以下简称《规划》）。这是党中央从党和国家事业发展全局出发作出的一项重要部署。《规划》全文共分为总体要求、目标任务、重点工作、主要措施和组织领导五个部分。

《规划》以党章为依据，以贯彻党的十八大精神和习近平总书记系列重要讲话精神为主题，体现了党中央对党员教育培训工作的最新精神，吸收了各地区各部门创造的新经验，是做好党员教育培训工作的重要遵循。《规划》的制定实施，对于深入贯彻党的十八大精神，加强和改进党员教育培训工作，培养造就高素质干部队伍，具有十分重要的意义。

7. 中共中央组织部印发《关于在干部教育培训中加强理想信念和道德品行教育的通知》

2014年7月，中共中央组织部印发《关于在干部教育培训中加强理想信念和道德品行教育的通知》（以下简称《通知》），对加强理想信念和道德品行教育，引导和帮助干部始终坚定共产主义理想和中国特色社会主义信念，始终坚守共产党人的精神家园作出部署。《通知》指出，干部的理想信念和道德品行状况关系党在人民心目中的形象，关系党和国家事业的兴衰成败。必须把理想信念和道德品行教育摆在更加突出的位置，引导和帮助干部进一步坚定理想信念、提升道德素质。

《通知》强调，实施理想信念教育，关键在于引领干部将理想信念植根于对科学理论的深刻认同、对历史发展规律的准确理解及对基本国情的精准掌握之上。《通知》指出，开展道德品行教育，关键是要引导干部明大德、守公德，成为一个高尚的人、一个纯粹的人、一个有道德的人、一个脱离了低级趣味的人、一个有益于人民的人。

《通知》要求，各级党校、行政学院、干部学院要把理想信念和道德品行教育作为必修内容；在主体班次中建立学员党支部，有针对性地开展支部活动，严格党内生活，强化教育管理；在教育培训中，要坚持务实管用原则，灵活运用各种方式方法，增强理想信念与道德品行教育的说服力和感染力。《通知》还对理想信念和道德品行教育的能力建设、长效机制等提出了要求。

8.中共中央办公厅印发《关于在县处级以上领导干部中开展"三严三实"专题教育方案》

2014年3月，习近平总书记在十二届全国人大二次会议参加安徽代表团审议时，要求党员、干部特别是各级领导干部既要严以修身、严以用权、严以律己，又谋事要实、创业要实、做人要实。为深化"四风"整治、巩固和拓展党的群众路线教育实践活动成果，推动领导干部在守纪律讲规矩、营造良好政治生态、做好改革发展稳定工作中见实效，2015年4月，中共中央办公厅印发《关于在县处级以上领导干部中开展"三严三实"专题教育方案》(以下简称《方案》)，对在县处级以上领导干部中开展"三严三实"专题教育作出安排。专题教育融入领导干部经常性纪律教育，不分批次、不划阶段、不分环节，不搞成一次活动。

《方案》要求，开展"三严三实"专题教育，坚持深入学习贯彻党的十八大和党的十八届三中、四中全会精神，深入学习贯彻习近平总书记系列重要讲话精神，紧紧围绕协调推进"四个全面"战略布局，对照"严以修身、严以用权、严以律己，谋事要实、创业要实、做人要实"的要求，聚焦对党忠诚、个人干净、敢于担当，着力解决"不严不实"问题，切实增强践行"三严三实"要求的思想自觉和行动自觉，努力在深化"四风"整治、巩固和拓展党的群众路线教育实践活动成果上见实效，在守纪律讲规矩、营造良好政治生态上见实效，在真抓实干、推动改革发展稳定上见实效。

2015年7月，中共中央组织部印发《关于认真学习贯彻习近平总书记重要指示精神扎实推进"三严三实"专题教育的通知》。要求始终坚持问题导向，围绕"三严三实"要求，结合贯彻全面深化改革要求、大力推进各领域改革的实际，找准"不严不实"的突出问题和具体表现。要求各级领导干部深入自我审视，将自身职责、部门职能及岗位任务融为一体，同时将个人的思想观念、工作实践与作风建设贯穿其中，深刻剖析问题症结，切实执行整改措施，以提升推动改革的能力，树立勇于担当的精神风貌，确保主动作为的行动落到实处。

习近平总书记高度重视"三严三实"专题教育。2015年9月11日，中共中央政治局就践行"三严三实"进行第二十六次集体学习。"三严三实"专题教育自2015年4月部署启动，2016年2月基本结束。

9.中共中央发布《干部教育培训工作条例》

《干部教育培训工作条例》（以下简称《条例》）在2015年9月10日中共中央政治局常委会会议上审议通过，并于同年10月14日由中共中央正式对外发布。《条例》是在2006年中共中央发布的《干部教育培训工作条例（试行）》版本基础上，经过精心修订和完善后的成果。其内容充分映射了中央对干部教育培训工作提出的最新精神和要求，融合了实践中创新积累的新经验和成果，针对新形势下的新任务对干部教育培训体系进行了优化与提升，成为指导干部教育培训工作的根本准则。《条例》的正式颁布与落实，对于深化党的十八大及党的十八届三中、四中全会精神的具体实践，对于贯彻习近平新时代中国特色社会主义思想，培育和造就忠诚干净担当的党员干部队伍，促进马克思主义执政党在学习型、服务型、创新型方面的建设，以及推动构建学习型社会，加速国家治理体系和治理能力现代化的进程，都具有重大意义。

《条例》共9章62条，包括：总则，管理体制，教育培训对象，教育培训内容，教育培训方式方法，教育培训机构，师资、课程、教材、经费，考核与评估，附则。《条例》颁布施行至今，各地各部门遵循中央统一部署，始终将《条例》作为干部教育培训工作的基本准则，深入学习其精神实质，明确各自职责与任务，切实推动实施，成果显著。

2023年8月31日，中共中央政治局召开会议，审议《条例》，中共中央总书记习近平主持会议。会议指出，干部教育培训是建设高素质干部队伍的先导性、基础性、战略性工程，在推进中国特色社会主义伟大事业和党的建设新的伟大工程中具有不可替代的重要地位和作用。要全面贯彻习近平新时代中国特色社会主义思想，认真落实新时代党的建设总要求和新时代党的组织路线，深刻领悟"两个确立"的决定性意义，增强"四个意识"、坚定"四个自信"、做到"两个维护"，以坚定理想信念宗旨为根本，以全面增强执政本领为重点，培养造就政治过硬、适应新时代要求、具备领导社会主义现代化建设能力的高素质干部队伍。

2023年10月，中共中央颁布了经过修订的《条例》，并通知强调各地区各部门必须严格遵循并贯彻执行。《条例》的修订，以习近平新时代中国特色社会主义思想为指导，全面贯彻习近平总书记关于党的建设的重要思想，深入贯彻党的二十大精神，落实新时代党的建设总要求和新时代党的组织路线，总结干部教育培训实践的新经验新成果，进一步推进干部教育培训工作制度化、规范化、科学化，对于坚持不懈用习近平新时代中国特色社会主义思想凝心铸魂、强基固本，培养造就政治过硬、适应新时代要求、具备领导社会主义现代化建设能力的高素质干部队伍，具有重要意义。

10. 中共中央印发《关于加强和改进新形势下党校工作的意见》

2015年12月9日，中共中央印发《关于加强和改进新形势下党校工作的意见》（以下简称《意见》）。《意见》指出，党校事业是党的事业的重要组成部分。重视发挥党校作用是党的优良传统和政治优势，对于提升党的执政能力与执政质量具有不可或缺的保障作用。

《意见》共7章26条，包括加强和改进党校工作的重要意义、坚持党校姓党根本原则、把党的理论教育和党性教育作为党校教学首要任务、提升党校科研水平和影响力、加强党校师资队伍和干部队伍建设、充分发挥党校系统整体优势、加强和改善党委对党校工作的领导等内容。

11. 中共中央办公厅印发《关于在全体党员中开展"学党章党规、学系列讲话，做合格党员"学习教育方案》

党中央决定，2016年在全体党员中开展"学党章党规、学系列讲话，做合格党员"学习教育（以下简称"两学一做"学习教育），"两学一做"学习教育对于深入学习贯彻习近平总书记系列重要讲话精神、推动全面从严治党向基层延伸、巩固和拓展党的群众路线教育实践活动及"三严三实"专题教育的成果具有重要意义。2016年2月，中共中央办公厅印发《关于在全体党员中开展"学党章党规、学系列讲话，做合格党员"学习教育方案》，并发出通知，要求各地区各部门认真贯彻执行。

"两学一做"学习教育的内容：一是学习党章党规，二是学系列讲话，三是做合格党员。"两学一做"学习教育的主要措施：一是围绕专题学习讨论，二是创新方式讲党课，三是召开党支部专题组织生活会，四是开展民主评议党员，五是立足岗位作贡献，六是领导机关领导干部作表率。

开展"两学一做"学习教育是贯彻落实党章关于加强党员教育管理要求的重要实践，也是面向全体党员深化党内教育的重要举措。这一学习教育旨在推动党内教育从"关键少数"向广大党员群体拓展，从集中性教育向经常性教育延伸，是加强党的思想政治建设的重要部署。

2017年3月，中共中央办公厅印发了《关于推进"两学一做"学习教育常态化制度化的意见》（以下简称《意见》）。《意见》指出，推进"两学一做"学习教育常态化制度化，是坚持思想建党、组织建党、制度治党紧密结合的有力抓手，是不断加强党的思想政治建设的有效途径，是全面从严治党的战略性、基础性工程。推进"两学一做"学习教育常态化、制度化，对于进一步用习近平总书记系列重要讲话精神武装全党，确保全党更加紧密地团结在以习近平同志为核心的党中央周围，持续开创中国特色社会主义事业新局面，具有重大而深远的意义。

12. 中共中央办公厅印发《中国共产党党委（党组）理论学习中心组学习规则》

2017年1月，中共中央办公厅印发《中国共产党党委（党组）理论学习中心组学习规则》（以下简称《规则》）。党委（党组）理论学习中心组学习，是建设学习型服务型创新型的马克思主义执政党、提高党的执政能力和领导水平的重要途径，是中国共产党的一个独特的政治优势。制定并颁布《规则》，充分体现了以习近平同志为核心的党中央对中心组学习的高度重视，是贯彻落实党的十八大及十八届三中、四中、五中、六中全会精神，深化全面从严治党，坚持思想建党与制度治党相结合的重要举措。

《规则》作为关于中心组学习的一部专门党内法规，以党章为根本遵循，明确党委（党组）理论学习中心组学习以政治安全为根本，以深入学习中国特色社会主义理论体系为首要任务，以深入学习贯彻习近平总书记系列重要讲话精神为重点，以掌握和运用马克思主义立场、观点、方法为目的，坚持围绕中心、服务大局，坚持知行合一、学以致用，坚持问题导向、注重实效，坚持依规管理、从严治学。

《规则》共5章17条，对党委（党组）理论学习中心组学习的性质定位原则、内容形式要求、组织管理考核等方面作出明确规定。《规则》要求，各级党委（党组）应当把中心组学习列入重要议事日程，纳入党建工作责任制，纳入意识形态工作责任制。各级党委（党组）对本级中心组学习负主体责任，对本地区本部门本单位的中心组学习负领导责任，党委（党组）书记是中心组学习第一责任人，党委（党组）负责宣传思想工作的成员是中心组学习的直接责任人，中心组成员应当发挥"关键少数"的示范和表率作用。

13.中共中央印发《2018—2022年全国干部教育培训规划》

2018年9月21日，中共中央政治局召开会议审议《2018—2022年全国干部教育培训规划》（以下简称《规划》）。中共中央总书记习近平主持会议。会议指出，干部教育培训是干部队伍建设的先导性、基础性、战略性工程，在进行伟大斗争、建设伟大工程、推进伟大事业、实现伟大梦想中具有不可替代的重要地位和作用。制定并实施好干部教育培训规划是全党的一项重要任务，对于贯彻落实新时代党的建设总要求和新时代党的组织路线、培养造就忠诚干净担当的高素质专业化干部队伍，以及确保党的事业后继有人，具有重大而深远的意义。

2018年11月1日，中共中央印发《规划》。《规划》共分为七个部分：一是总体要求，二是全面深入开展习近平新时代中国特色社会主义思想教育培训，三是完善培训内容体系，四是优化分类分级培训体系，五是建强培训保障体系，六是健全培训制度体系，七是组织领导。

14.中共中央组织部、财政部印发《关于规范干部党性教育基地管理工作的意见》

2018年10月，为提高党性教育的针对性、实效性，解决党性教育基地建设中存在的一些突出问题，中共中央组织部、财政部印发《关于规范干部党性教育基地管理工作的意见》（以下简称《意见》）。《意见》要求，规范干部党性教育基地管理工作，必须坚持"姓党"原则，把旗帜鲜明讲政治要求贯穿党性教育基地一切教学、科研和办学活动。要聚焦主责主业，严守本分办教育，不以盈利为目的。设立或命名党性教育基地，要严格履行报批程序。实行党性教育基地目录管理等。

2018年11月，中共中央组织部启动干部党性教育基地备案工作。备案的范围：依托当地特色党性教育资源设立，以教育引导干部重温革命传统、传承革命精神、坚定理想信念、加强党性修养为根本目的，以现场教学为重要方式，有符合培训需要的场所（含教室、食堂、宿舍）的教育培训机构。

2019年4月，第一批干部党性教育基地备案工作结束。中共中央组织部办公厅印发《关于印发干部党性教育基地备案目录的通知》，公布了省（部）级党委（党组）批准的干部党性教育基地备案目录。该目录实施动态管理，适时调整。

15. 贯彻实施《学习贯彻习近平新时代中国特色社会主义思想课程体系和教学大纲（试行）》

2019年3月，经党中央批准，组织编写的《学习贯彻习近平新时代中国特色社会主义思想课程体系和教学大纲（试行）》正式颁布。学习贯彻习近平新时代中国特色社会主义思想，是全党的重大政治任务，是干部教育培训的重中之重。组织编写课程体系和教学大纲，对全面深入推动习近平新时代中国特色社会主义思想系统权威进教材、生动有效进课堂、刻骨铭心进头脑，规范指导各地区各部门和各级干部教育培训机构开展教育培训，具有重要意义。

课程体系和教学大纲以习近平新时代中国特色社会主义思想的丰富内涵和内在逻辑为基础，严格遵循理论教育的基本规律，聚焦重大理论和现实问题，积极回应干部在思想理论方面的困惑及实际工作方面的需求。依据"总－分－特"的总体设计思路，课程体系涵盖了总论课程、分论课程和特色课程，并明确了每门课程的教学目标、教学重点、教学内容、教学形式及思考题。这将有助于干部全面系统地掌握这一重要思想的科学体系、丰富内涵、核心要义及实践要求。

2019年3月，中共中央组织部、中共中央宣传部、中央党校（国家行政学院）印发《关于贯彻实施〈学习贯彻习近平新时代中国特色社会主义思想课程体系和教学大纲（试行）〉的通知》，要求各地区、各部门及各级干部教育培训机构依据课程体系和教学大纲，积极开发培训课程，并编写相应的培训教材和学习资料。

16. 中共中央组织部印发《关于在干部教育培训中加强党史、新中国史学习教育的通知》

2019年9月，中共中央组织部印发《关于在干部教育培训中加强党史、新中国史学习教育的通知》（以下简称《通知》）。《通知》强调，要深入学习贯彻习近平新时代中国特色社会主义思想，特别是习近平总书记关于党史、新中国史的重要论述，并将党史、新中国史作为干部教育培训的重要内容。要结合庆祝新中国成立70周年、中国共产党成立100周年，组织党员干部认真学习《中国共产党历史》第一卷和第二卷、《中国共产党的九十年》《中华人民共和国简史（1949—2019）》、《新中国70年》等著作。

《通知》明确指出，各级组织部门须与宣传部门协同合作，将党史、新中国史作为党委（党组）理论学习中心组学习的重要内容，进行统筹规划，制定详细方案，设定清晰目标要求，并组织专题学习活动。

《通知》强调，各级干部教育培训机构需进一步强化党史、新中国史的教学工作，对教学计划和课程安排进行优化调整，提升相关内容的比重和分量；各级干部网络培训平台应充分发挥其高效便捷的优势，着力开发优质网络课程，并充分利用App、"两微一端"等信息技术手段，组织和引导广大干部积极参与党史、新中国史线上学习，确保每位干部每年在线学习党史、新中国史的时间不少于10学时；应着力强化师资队伍建设，积极开发精品课程与教材资源；应着力提升学习教育的针对性与实效性，注重结合国际国内形势、本地区本部门工作实际及干部的思想实际，综合运用课堂讲授、专题讲座、现场体验、互动研讨等多种方式，开展党史、新中国史的学习教育。同时，应积极指导和鼓励干部加强在职自学，持续优化学习教育的效果。

17.中共中央办公厅印发《2019—2023年全国党员教育培训工作规划》

2019年11月，中共中央办公厅印发《2019—2023年全国党员教育培训工作规划》（以下简称《规划》）。继续深入学习贯彻习近平新时代中国特色社会主义思想和党的十九大精神，切实提高党员教育培训工作质量，推进马克思主义学习型政党建设。

《规划》明确了党员教育培训工作目标。提出了党员教育培训的主要内容。一是聚焦基本任务；二是围绕中心工作；三是体现农村、街道社区、机关、事业单位等不同领域和群体特点，开展党员教育培训。《规划》还明确了党员教育培训方式方法。一是完善组织形式，二是丰富教学方式，三是创新运用信息化手段，四是健全培训制度。

中共中央办公厅于2009年和2014年先后发布了两轮五年规划，旨在部署和推进全国党员教育培训工作。在这些规划的指导下，各地区、各部门、各单位持续开展大规模党员培训，全党上下形成了重视教育、狠抓培训的良好氛围。为深入贯彻落实习近平新时代中国特色社会主义思想和党的十九大精神，全面落实新时代党的建设总要求，积极适应新形势、新任务及党员队伍的新变化，与前两轮规划有效衔接，制定并实施新一轮规划，以推动党员教育培训事业的创新发展。

18.中共中央印发《中国共产党党校（行政学院）工作条例》

2018年3月，中共中央印发《深化党和国家机构改革方案》，将中央党校和国家行政学院的职责整合，组建新的中央党校（国家行政学院），实行一个机构、两块牌子，作为党中央直属事业单位。2019年9月24日，中共中央政治局会议审议通过《中国共产党党校（行政学院）工作条例》（以下简称《条例》）。2019年10月25日，中共中央印发《条例》并发出通知，要求各地区各部门认真遵照执行。

通知强调，《条例》的制定和实施，对加强党对党校（行政学院）工作的领导，充分发挥党校（行政学院）干部培训、思想引领、理论建设、决策咨询作用，培养造就忠诚干净担当的高素质专业化干部队伍，具有重要意义。

《条例》共13章70条。主要包括总则、党校（行政学院）的设置和领导体制、班次和学制、教学工作、科研工作和决策咨询、开放办学、学员管理、人才队伍建设、校风和学风建设、机关党的建设、办学保障、执行与监督、附则。

《条例》规定，党校（行政学院）工作遵循以下原则：①坚持党校姓党，把旗帜鲜明讲政治融入党校（行政学院）工作全过程和各方面，模范遵守党的政治纪律和政治规矩；②坚持实事求是，注重理论联系实际，强化问题导向，做到学思用贯通、知信行统一；③坚持质量立校，积极探索和遵循党校（行政学院）教育规律和干部成长规律，提高教学、科研、咨询和管理水平；④坚持改革创新，不断完善体制机制，增强办学活力；⑤坚持从严治校，大力弘扬学习之风、朴素之风、清朗之风。

《条例》规定，党校（行政学院）的基本任务是：①培训各级党政领导干部、公务员、国有企业领导人员、事业单位领导人员、年轻干部、理论宣传骨干、高层次人才、基层干部、党员，开展党校（行政学院）系统师资培训；②加强马克思主义基本理论研究，重点研究宣传习近平新时代中国特色社会主义思想；③承办党委和政府以及相关部门举办的专题研讨班；④开展重大理论和现实问题研究，承担党委和政府决策咨询服务；⑤以培养马克思主义理论人才为主要目标，在国家批准的学科和专业学位类别内开展学位研究生教育；⑥开展同国（境）内外有关机构和组织的合作与交流；⑦参与党委关于党校（行政学院）工作政策以及干部培训计划的制定工作；⑧完成党委和政府交办的其他任务。

《条例》规定，党校（行政学院）对学员的教育培训目标是：①坚持对党忠诚，把握正确政治方向，增强"四个意识"、坚定"四个自信"、做到"两个维护"，自觉锻造过硬党性，在思想上政治上行动上同以习近平同志为核心的党中央保持高度一致；②掌握马克思主义立场观点方法，学懂弄通做实习近平新时代中国特色社会主义思想，树立正确的世界观、人生观、价值观，不忘初心、牢记使命，做共产主义远大理想和中国特色社会主义共同理想的坚定信仰者和忠实实践者；③坚持以人民为中心，增强立党为公、执政为民的意识，践行全心全意为人民服务的根本宗旨；④敢于担当作为，勇于开拓创新，具有斗争精神，善于分析解决改革发展稳定中的重大问题；⑤全面增强工作本领，具备胜任新时代中国特色社会主义事业发展要求的知识和能力；⑥严守纪律规矩，知敬畏、存戒惧、守底线，坚决反对形式主义、官僚主义、享乐主义和奢靡之风，永葆清正廉洁的政治本色。

《条例》规定，各级党委是办党校（行政学院）、管党校（行政学院）、建党校（行政学院）的主体，党委书记是第一责任人。党委应当加强对党校（行政学院）工作的领导：①把党校（行政学院）工作纳入党委整体工作部署，每年专题研究党校（行政学院）工作；②制定党的各级领导干部参加党校（行政学院）培训的规划和政策，把干部的培训和使用结合起来，将干部培训考核情况作为干部任职、晋升、管理的重要参考；③选优配强党校（行政学院）领导班子，把优秀干部充实到班子中来；④建立健全党政领导干部到党校（行政学院）讲课、作报告和与学员座谈的制度，每年领导干部讲课总课时占各级党校（行政学院）主体班次总课时的比例不低于20%；⑤加强党校（行政学院）基础设施建设、师资培养、经费保障、现场教学基地建设等，支持党校（行政学院）实施综合性的教学科研、决策咨询、管理服务创新；⑥定期召开党校（行政学院）工作会议，交流经验，部署工作；⑦将党校（行政学院）工作纳入党委党的建设工作年度目标考核，列入落实党建工作责任制情况述职内容。

《条例》还规定，各级党委和政府以及有关部门、各级党校（行政学院）、学员所在单位和学员本人，应当严格执行本条例，自觉接受党内监督、社会监督和群众监督。各级党委应当对本条例执行情况进行监督检查。在党委统一部署和协调下，上级党校（行政学院）会同有关部门对下级党委及党校（行政学院）的执行情况定期进行检查。对违反本条例的地区、部门和单位，追究有关人员的责任。

19. 中共中央组织部印发《公务员培训规定》

2018年3月，中共中央印发了《深化党和国家机构改革方案》，将国家公务员局并入中共中央组织部。中共中央组织部对外保留国家公务员局牌子。不再保留单设的国家公务员局。为推进公务员培训工作的制度化、规范化和科学化进程，建设一支信念坚定、为民服务、勤政务实、敢于担当、清正廉洁的高素质专业化公务员队伍，根据《中华人民共和国公务员法》《干部教育培训工作条例》及相关法律法规，中共中央组织部于2019年11月26日印发了新修订的《公务员培训规定》（以下简称《规定》）。此次印发的《规定》是在2008年6月27日由中共中央组织部与人力资源社会保障部印发的《公务员培训规定》的基础上进行修订的。

《规定》共分为8章37条。包括总则、培训对象、培训内容、培训类型、培训方式与方法、培训保障、培训登记与评估、附则。

《规定》要求，公务员培训坚持下列原则：①党管干部；②政治统领，服务大局；③以德为先，从严管理；④突出重点，注重实效；⑤分类分级，精准科学；⑥联系实际，改革创新。《规定》明确，公务员培训主要分为初任培训、任职培训、专门业务培训和在职培训等。《规定》要求，公务员培训机构必须贯彻执行党和国家干部教育培训方针政策和法律法规。

20. 中共中央印发《关于在全党开展党史学习教育的通知》

2021年2月15日，中共中央印发《关于在全党开展党史学习教育的通知》（以下简称《通知》），就党史学习教育作出部署安排。《通知》指出，2021年是中国共产党成立100周年。为从党的百年伟大奋斗历程中汲取继续前进的智慧和力量，深入学习贯彻习近平新时代中国特色社会主义思想，巩固深化"不忘初心、牢记使命"主题教育成果，激励全党全国各族人民满怀信心迈进全面建设社会主义现代化国家新征程，党中央决定，在全党开展党史学习教育。党史学习教育动员大会以来，《论中国共产党历史》《毛泽东邓小平江泽民胡锦涛关于中国共产党历史论述摘编》《习近平新时代中国特色社会主义思想学习问答》《中国共产党简史》等党史学习教育用书相继出版。

2021年2月20日，党史学习教育动员大会在北京召开。中共中央总书记习近平出席会议并发表重要讲话。习近平总书记强调，在全党开展党史学习教育，是党中央立足党的百年历史新起点、统筹中华民族伟大复兴战略全局和世界百年未有之大变局、为动员全党全国满怀信心投身全面建设社会主义现代化国家而作出的重大决策。全党同志要做到学史明理、学史增信、学史崇德、学史力行，学党史、悟思想、办实事、开新局，以昂扬姿态奋力开启全面建设社会主义现代化国家新征程，以优异成绩迎接建党100周年。

习近平总书记强调，在全党开展党史学习教育，是党的政治生活中的一件大事。全党要高度重视，提高思想站位，立足实际、守正创新，高标准高质量完成学习教育各项任务。一是要加强组织领导，二是要树立正确党史观，三是要切实为群众办实事解难题，四是要注重方式方法创新。

21.中共中央发布《中国共产党组织工作条例》

2021年4月30日中共中央政治局会议审议批准，5月22日中共中央发布《中国共产党组织工作条例》(以下简称《条例》)。《条例》坚持以习近平新时代中国特色社会主义思想为指导，贯彻落实新时代党的建设总要求和新时代党的组织路线，对党的组织工作作出全面规范，这是党的历史上第一部关于组织工作的统领性、综合性基础主干法规，是做好新时代党的组织工作、加强党的组织建设的基本遵循。《条例》的制定和实施，对于坚持和加强党对组织工作的全面领导，推进组织工作制度化、规范化、科学化，全面提高组织工作质量，具有重要意义。《条例》共7章46条。主要包括总则、领导体制和职责、党的组织体系建设、干部工作、人才工作、保障和监督、附则。

《条例》明确，党的组织工作遵循以下原则：①坚持党的全面领导；②坚持组织路线服务政治路线；③坚持民主集中制；④坚持党的群众路线；⑤坚持党管干部、党管人才；⑥坚持德才兼备、以德为先、任人唯贤；⑦坚持党的组织和党的工作全覆盖；⑧坚持实事求是、公道正派；⑨坚持依法依规、科学规范。《条例》对于建立健全源头培养跟踪培养全程培养的素质培养体系具有重要意义。

22.中共中央印发《全国干部教育培训规划（2023—2027年）》

2023年8月31日，中共中央政治局召开会议审议《全国干部教育培训规划（2023—2027年）》（以下简称《规划》）。10月，中共中央印发了《规划》，并发出通知，要求各地区各部门结合实际认真贯彻落实。通知指出，制定实施《规划》是党中央着眼新时代新征程党的使命任务作出的重要部署。要把深入学习贯彻习近平新时代中国特色社会主义思想作为主题主线，坚持不懈用党的创新理论凝心铸魂、强基固本。要坚持把政治训练贯穿干部成长全周期，教育引导干部树立正确的权力观、政绩观、事业观，提高干部政治判断力、政治领悟力、政治执行力。要围绕贯彻落实党的二十大作出的重大战略部署，分层级分领域分专题开展履职能力培训，提高干部推动高质量发展本领、服务群众本领、防范化解风险本领。要构建完善的干部教育培训体系，发挥好党校（行政学院）干部教育培训主渠道主阵地作用，不断优化教育培训方式方法。要大力弘扬理论联系实际的马克思主义学风，力戒形式主义，勤俭规范办学，努力营造学习之风、朴素之风、清朗之风。

《规划》的主要目标是，党的创新理论武装更加系统深入，用习近平新时代中国特色社会主义思想凝心铸魂取得显著成效，广大干部理想信念更加坚定、思想意志更加统一、行动步调更加一致，对党的创新理论更加笃信笃行，用以指导实践、推动工作更加自觉。

通知要求，各地区各部门贯彻落实《规划》中的重要情况和建议，要及时报告党中央。

23.中共中央办公厅印发《关于在全党开展党纪学习教育的通知》

2024年4月，中共中央办公厅印发了《关于在全党开展党纪学习教育的通知》(以下简称《通知》)。《通知》指出，为深入学习贯彻修订后的《中国共产党纪律处分条例》(以下简称《条例》)，经党中央同意，自2024年4月至7月，在全党开展党纪学习教育。要抓住学习重点，在学习贯彻《条例》上下功夫见成效。坚持逐章逐条学、联系实际学，抓好以案促学、以训助学，教育引导党员干部准确掌握其主旨要义和规定要求，进一步明确日常言行的衡量标尺，用党规党纪校正思想和行动，真正使学习党纪的过程成为增强纪律意识、提高党性修养的过程。

《通知》明确，要坚持以习近平新时代中国特色社会主义思想为指导，聚焦解决一些党员、干部对党规党纪不上心、不了解、不掌握等问题，组织党员特别是党员领导干部认真学习《条例》，做到学纪、知纪、明纪、守纪，搞清楚党的纪律规矩是什么，弄明白能干什么、不能干什么，把遵规守纪刻印在心，内化为言行准则，进一步强化纪律意识、加强自我约束、提高免疫能力，增强政治定力、纪律定力、道德定力、抵腐定力，始终做到忠诚干净担当。

《通知》强调，党纪学习教育要注重融入日常、抓在经常。要原原本本学，坚持个人自学与集中学习相结合，紧扣党的政治纪律、组织纪律、廉洁纪律、群众纪律、工作纪律、生活纪律进行研讨，推动《条例》入脑入心。要加强警示教育，深刻剖析违纪典型案例，注重用身边事教育身边人，让党员、干部受警醒、明底线、知敬畏。要加强解读和培训，深化《条例》理解运用。2024年度县处级以上领导班子民主生活会和基层党组织组织生活会，要把学习贯彻《条例》情况作为对照检查的重要内容。

《通知》要求，各级党委（党组）要把开展党纪学习教育作为重要政治任务，精心组织实施，加强督促落实。要做好宣传引导工作，坚决反对形式主义，防止"低级红""高级黑"。

此次党纪学习教育，是加强党的纪律建设、推动全面从严治党向纵深发展的重要举措。党中央高度重视，习近平总书记多次就开展党纪学习教育发表重要讲话、作出重要指示，为开展党纪学习教育提供了重要遵循。

中央党的建设工作领导小组8月30日召开会议，传达习近平总书记的重要指示，审议《关于推进党纪学习教育常态化长效化的意见》，对党纪学习教育进行总结。中共中央政治局常委、中央党的建设工作领导小组组长蔡奇主持会议并讲话，中共中央政治局常委、中央党的建设工作领导小组副组长李希出席会议并讲话。

会议强调，习近平总书记的重要指示充分肯定了党纪学习教育取得的成效，对巩固深化党纪学习教育成果提出了明确要求，具有很强的政治性、思想性、针对性、指导性，要认真学习领会、全面抓好贯彻落实。

会议指出，这次党纪学习教育目前已基本结束。要总结运用党纪学习教育好经验好做法，充分发挥纪律建设对坚持党的领导、加强党的建设、推进党的事业的保障作用。要组织党员、干部深入学习贯彻习近平总书记关于全面加强党的纪律建设的重要论述，推动党的纪律教育常态化长效化，加大对"一把手"、年轻干部、新提拔干部的纪律培训力度，把纪律教育融入党员、干部日常教育管理监督。要运用党的十八大以来加强纪律建设的成功经验，以高质量纪律建设推动党的建设上水平，推动全党深刻领悟"两个确立"的决定性意义，增强"四个意识"、坚定"四个自信"、做到"两个维护"。要准确运用"四种形态"，落实"三个区分开来"，以精准规范执纪推动干部更好干事创业、担当作为。

24.中共中央办公厅印发《关于在全党开展深入贯彻中央八项规定精神学习教育的通知》

2025年3月，中共中央办公厅印发《关于在全党开展深入贯彻中央八项规定精神学习教育的通知》(以下简称《通知》)。《通知》指出，为贯彻落实党的二十届三中全会部署，巩固拓展学习贯彻习近平新时代中国特色社会主义思想主题教育成果，巩固深化党纪学习教育成果，锲而不舍落实中央八项规定精神，推进作风建设常态化长效化，经党中央同意，在全党开展深入贯彻中央八项规定精神学习教育（以下简称"学习教育"）。学习教育于2025年全国两会后启动、7月底前基本结束。

《通知》明确，要坚持以习近平新时代中国特色社会主义思想为指导，持续深化党的创新理论武装，组织全党认真学习领会习近平总书记关于加强党的作风建设的重要论述，学习领会和贯彻落实中央八项规定及其实施细则精神，系统总结党的十八大以来深入贯彻中央八项规定精神取得的显著成效，集中整治违反中央八项规定及其实施细则精神的突出问题，运用由风及腐案例加强警示教育，引导党员、干部锤炼党性、提高思想觉悟，密切党群干群关系，以作风建设新成效推动保持党的先进性纯洁性、不断赢得人民群众信任拥护，为进一步全面深化改革、推进中国式现代化提供有力保障。

《通知》强调，坚持聚焦主题、简约务实，不分批次、不划阶段，一体推进学查改，融入日常、抓在经常。学习研讨要组织学习习近平总书记关于加强党的作风建设的重要论述和中央八项规定及其实施细则精神，总结学习深入贯彻中央八项规定精神的成效和经验，提高认识、增强信心，坚定不移抓好落实。查摆问题要通过对标对表查摆，充分运用纪检监察、巡视巡察、审计监督、财会监督、督促检查、调查研究、信访反映等途径，全面深入查找落实中央八项规定及其实施细则精神方面存在的问题。集中整治要坚持有什么问题就解决什么问题，什么问题突出就重点整治什么问题，立查立改、即知即改。开门教育要注重群众参与，接受群众监督，各级领导干部要带头走好新时代党的群众路线，组织党员、干部立足岗位，在推动高质量发展、加强基层治理、完成急难险重任务中担当作为、服务群众，让群众可感可及。

《通知》要求，各级党委（党组）要对本地区本部门本单位学习教育负总责，党委（党组）主要负责同志要担负起第一责任人的责任，紧密结合中心工作，精心组织实施，加强分类指导，做好宣传引导，坚决反对形式主义。以"满格"状态助力深入贯彻中央八项规定精神学习教育强势开局，推动党的作风建设持续向好，推动学习教育落到实处、取得实效。

（三）教育培训信息类

1.学习宣传贯彻党的十八大精神

2012年11月8日至14日，中国共产党第十八次全国代表大会在北京举行。这是在我国进入全面建成小康社会决定性阶段召开的一次重要大会。大会通过的党章修正案体现了党的理论创新与实践发展的成果，体现了党的十八大确立的重大理论观点和重大工作部署，对以改革创新精神全面推进党的建设新的伟大工程、提高党的建设科学化水平提出了明确要求。

党的十八届一中全会选举产生了以习近平同志为总书记的新一届中央领导集体。党的十八大后，中共中央印发了《关于认真学习宣传贯彻党的十八大精神的通知》（以下简称《通知》）。《通知》指出，认真学习宣传贯彻党的十八大精神，关系党和国家工作全局，关系中国特色社会主义事业长远发展，对动员全党全国各族人民在以习近平同志为总书记的党中央领导下，高举中国特色社会主义伟大旗帜，满怀信心为全面建成小康社会、夺取新时代中国特色社会主义新胜利而奋斗，具有重大现实意义和深远历史意义。《通知》要求，要全面准确学习领会党的十八大精神；要深刻领会党的十八大的主题；要认真做好党的十八大精神的宣传，切实抓好学习培训；要坚持联系实际、推动工作；各级党委要把学习宣传贯彻党的十八大精神摆上重要议事日程，切实负起领导责任，牢牢把握正确导向，不断创新方式方法，切实加强组织领导。

2.十八届中共中央政治局开展集体学习

2012年11月17日，十八届中共中央政治局就深入学习贯彻党的十八大精神进行第一次集体学习。至2017年9月，围绕各种重大理论和实践问题共进行集体学习43次。

3.学习贯彻党的十八大精神研讨班

2013年1月5日至7日，新进中央委员会的委员、候补委员学习贯彻党的十八大精神研讨班在中央党校举办。中共中央总书记习近平在开班式上发表重要讲话。他强调，道路问题是关系党的事业兴衰成败第一位的问题，道路就是党的生命。中国特色社会主义，是科学社会主义理论逻辑和中国社会发展历史逻辑的辩证统一，是根植于中国大地、反映中国人民意愿、适应中国和时代发展进步要求的科学社会主义，是全面建成小康社会、加快推进社会主义现代化、实现中华民族伟大复兴的必由之路。

4.省部级主要领导干部学习贯彻党的十八届三中全会精神全面深化改革专题研讨班

2014年2月17日，省部级主要领导干部学习贯彻党的十八届三中全会精神全面深化改革专题研讨班在中央党校开班。中共中央总书记习近平在开班式上发表重要讲话。他强调，必须适应国家现代化总进程，提高党科学执政、民主执政、依法执政水平，提高国家机构履职能力，提高人民群众依法管理国家事务、经济社会文化事务、自身事务的能力，实现党、国家、社会各项事务治理制度化、规范化、程序化，不断提高运用中国特色社会主义制度有效治理国家的能力。

5.学习宣传贯彻党的十九大精神

2017年10月18日至24日，中国共产党第十九次全国代表大会在人民大会堂开幕。这是在全面建成小康社会决胜阶段、中国特色社会主义进入新时代的关键时期召开的一次十分重要的大会。承担着谋划决胜全面建成小康社会、深入推进社会主义现代化建设的重大任务，事关党和国家事业继往开来，事关中国特色社会主义前途命运，事关最广大人民根本利益。

这次大会的主题是，不忘初心、牢记使命，高举中国特色社会主义伟大旗帜，决胜全面建成小康社会，夺取新时代中国特色社会主义伟大胜利，为实现中华民族伟大复兴的中国梦不懈奋斗。大会高举中国特色社会主义伟大旗帜，以马克思列宁主义、毛泽东思想、邓小平理论、"三个代表"重要思想、科学发展观，全面贯彻习近平新时代中国特色社会主义思想为指导，分析了国际国内形势发展变化，提出了党的二十大主题，回顾和总结了过去五年的工作和历史性变革，作出了中国特色社会主义进入新时代、我国社会主要矛盾已经转化为人民日益增长的美好生活需要和不平衡不充分的发展之间的矛盾等重大政治论断，深刻阐述了新时代中国共产党的历史使命，确立了习近平新时代中国特色社会主义思想的历史地位，提出了新时代坚持和发展中国特色社会主义的基本方略，确定了决胜全面建成小康社会、开启全面建设社会主义现代化国家新征程的目标，对新时代推进中国特色社会主义伟大事业和党的建设新的伟大工程作出了全面部署。

大会批准了习近平同志代表十八届中央委员会所作的《决胜全面建成小康社会 夺取新时代中国特色社会主义伟大胜利》的报告，批准了中央纪律检查委员会的工作报告，审议通过了《中国共产党章程（修正案）》，选举产生了新一届中央委员会和中央纪律检查委员会。

为深入学习宣传贯彻党的十九大精神，把全党全国各族人民的思想统一到党的十九大精神上来，把力量凝聚到党的十九大确定的各项任务上来，中共中央专门作出《关于认真学习宣传贯彻党的十九大精神的决定》(以下简称《决定》)。《决定》强调，学习宣传贯彻党的十九大精神，是全党全国当前和今后一段时期的首要政治任务。各级党委(党组)要把学习宣传贯彻党的十九大精神摆上重要议事日程，切实加强组织领导，按照党中央的部署，结合本地区本部门实际，作出专题部署，提出具体要求，着力抓好落实，迅速兴起学习宣传贯彻党的十九大精神的热潮。

6.十九届中共中央政治局开展集体学习①

十九届中央政治局自2017年10月首次集体学习以来，共计开展了41次集体学习。这些学习活动的主题涵盖内政外交国防、治党治国治军的方方面面，内容丰富多元，包括政治建设、前沿科技、考古等多个领域。在习近平总书记的领导下，中央政治局继承和发扬我们党重视学习、善于学习的优良传统，坚持和完善中央政治局集体学习这项重要制度，围绕党和国家事业发展的重大理论和实践问题。中央政治局以上率下，引领全党在大学习中不断提高治国理政的能力和水平，不断谱写新时代坚持和发展中国特色社会主义新篇章。

7.省部级干部学习贯彻习近平新时代中国特色社会主义思想和党的十九大精神集中轮训

从2017年12月开始，省部级干部学习贯彻习近平新时代中国特色社会主义思想和党的十九大精神研讨班分7期在中央党校举办。截至2018年4月底，省部级干部集中轮训工作顺利结束，取得较好成效。

---

① 《党的十八大以来中共中央政治局集体学习》，共产党员网，https://www.12371.cn/special/lnzzjjtxx/?q=lo44l。

这次集中轮训紧紧围绕学习贯彻习近平新时代中国特色社会主义思想和党的十九大精神设置课程、安排研讨。在第1期研讨班上，王沪宁同志出席开班式并讲话，对习近平新时代中国特色社会主义思想和党的十九大精神作了全面解读，刘鹤、杨晓渡、陈希、黄坤明同志分别作专题辅导报告。第2至7期研讨班，每期安排学员观看王沪宁同志在第1期研讨班上的讲话录像；中央纪委、中共中央组织部、中共中央宣传部、国家发展改革委等单位共安排17位负责同志作了24次专题辅导。

8.学习贯彻习近平新时代中国特色社会主义思想和党的十九大精神研讨班

2018年1月5日，新进中央委员会的委员、候补委员和省部级主要领导干部学习贯彻习近平新时代中国特色社会主义思想和党的十九大精神研讨班在中央党校开班。中共中央总书记习近平在开班式上发表重要讲话强调，建设好我们这样的大党，领导好我们这样的大国，中央委员会成员和省部级主要领导干部至关重要，必须提高政治站位、树立历史眼光、强化理论思维、增强大局观念、丰富知识素养、坚持问题导向，从历史和现实相贯通、国际和国内相关联、理论和实际相结合的宽广视角，对一些重大理论和实践问题进行思考和把握，做到坚持和发展中国特色社会主义要一以贯之，推进党的建设新的伟大工程要一以贯之，增强忧患意识、防范风险挑战要一以贯之，以时不我待、只争朝夕的精神投入工作，推动全党全国各族人民把思想统一到党的十九大精神上来，把力量凝聚到实现党的十九大确定的目标任务上来，不断开创新时代中国特色社会主义事业新局面。

9.县处级以上领导干部学习贯彻习近平新时代中国特色社会主义思想和党的十九大精神集中轮训

党的十九大胜利召开之后，中共中央作出《关于认真学习宣传贯彻党的十九大精神的决定》，中共中央组织部及时发出通知，对全国县处级以上领导干部学习贯彻习近平新时代中国特色社会主义思想和党的十九大精神集中轮训工作作出安排，要求组织每一名县处级以上领导干部参加一次5至7天的集中轮训，教育引导广大干部把思想统一到习近平新时代中国特色社会主义思想上来，把力量凝聚到党的十九大确定的各项任务上来。

各地区各部门坚决贯彻落实党中央决策部署，把学习贯彻习近平新时代中国特色社会主义思想和党的十九大精神作为首要政治任务，从2017年11月至2018年6月，各地区各部门分层分类、分期分批开展集中轮训，共举办各类培训班约2.9万期，培训县处级以上干部近120万人次，参训率达到99.6%。

10.聚焦打赢精准脱贫攻坚战加强干部教育培训

2018年2月12日，习近平总书记在打好精准脱贫攻坚战座谈会上指出，打好脱贫攻坚战，关键在人，在人的观念、能力、干劲；要突出抓好各级扶贫干部学习培训工作。

为贯彻落实习近平总书记重要指示精神，中共中央组织部、国家乡村振兴局精心谋划部署，认真组织实施，加强督促检查，指导各地区各部门严格落实中央要求，压实培训责任，提高培训实效。截至2020年9月底，全国分类分级培训涉及脱贫攻坚工作的干部2631万人次，包括地方党政领导干部扶贫系统干部、行业部门干部、帮扶干部、贫困村干部，实现了横向到边、纵向到底全覆盖。各级扶贫干部的学习培训工作取得了明显成效。

11. 全党开展"不忘初心、牢记使命"主题教育

2019年5月13日，中共中央政治局召开会议，决定在全党自上而下分两批开展"不忘初心、牢记使命"主题教育。在全党开展"不忘初心、牢记使命"主题教育，是党的十九大作出的重大决策。

5月31日，"不忘初心、牢记使命"主题教育工作会议在北京召开。中共中央总书记习近平出席会议并作重要讲话。习近平总书记强调，党的十九大决定，以县处级以上领导干部为重点，在全党开展"不忘初心、牢记使命"主题教育。2019年是中华人民共和国成立70周年，也是我们党在全国执政第70个年头，在这个时刻开展这次主题教育，正当其时。"守初心、担使命，找差距、抓落实"的总要求，是根据新时代党的建设任务、针对党内存在的突出问题、结合这次主题教育的特点提出来的。

习近平总书记指出，各地区各部门各单位要坚持围绕中心、服务大局，把开展主题教育同完成改革发展稳定各项任务结合起来，同做好稳增长、促改革、调结构、惠民生、防风险、保稳定各项工作结合起来，同党中央部署和正在做的事结合起来，使党员干部焕发出来的热情转化为攻坚克难、干事创业的实际成果。要力戒形式主义、官僚主义，教育引导党员干部树立正确政绩观，真抓实干、转变作风。主题教育本身要注重实际效果，解决实质问题。

主题教育从2019年5月底开始，到2020年1月上旬基本结束，以县处级以上领导干部为重点，自上而下分两批进行。

2020年1月8日，中共中央召开"不忘初心、牢记使命"主题教育

总结大会。习近平总书记出席会议并发表重要讲话。习近平总书记指出，这次主题教育总结历次党内集中教育经验，对新时代开展党内集中教育进行了新探索、积累了新经验。一是聚焦主题、紧扣主线；二是以上率下、示范带动；三是有机融合、一体推进；四是紧盯问题、精准整改；五是严督实导、内外用力；六是力戒虚功、务求实效。全党要以这次主题教育为新的起点，不断深化党的自我革命，持续推动全党不忘初心、牢记使命。

12.举办中央党校中青年干部培训班

2013年全国组织工作会议上，习近平总书记就培养选拔年轻干部作出深刻阐述，2014年6月，中央出台《关于加强和改进优秀年轻干部培养选拔工作的意见》。《2018—2022年全国干部教育培训规划》要求，要着眼培养造就忠实贯彻习近平新时代中国特色社会主义思想、符合新时期好干部标准、忠诚干净担当、数量充足、充满活力的高素质专业化青年干部队伍，突出理想信念宗旨教育、思想道德教育、优良作风教育，加强年轻干部政治训练和实践锻炼。中央组织部每年安排1000名以上优秀年轻干部到国家级培训机构培训。

党的十九大后，截至2024年12月，习近平总书记连续6次出席中央党校（国家行政学院）中青班干部培训班开班式，亲授"开学第一课"，1次作出重要指示，并围绕不同的主题发表重要讲话，对年轻干部寄予殷切期望，提出重要要求。

13.学习宣传贯彻党的二十大精神

2022年10月16日上午，举世瞩目的中国共产党第二十次全国代表大会在人民大会堂开幕。习近平总书记代表第十九届中央委员会向大会作了题为《高举中国特色社会主义伟大旗帜 为全面建设社会主义现代化国家而团结奋斗》的报告。习近平总书记指出，中国共产党第二十次全国代表大会，是在全党全国各族人民迈上全面建设社会主义现代化国家新征程、向第二个百年奋斗目标进军的关键时刻召开的一次十分重要的大会。大会的主题是，高举中国特色社会主义伟大旗帜，全面贯彻习近平新时代中国特色社会主义思想，弘扬伟大建党精神，自信自强、守正创新，踔厉奋发、勇毅前行，为全面建设社会主义现代化国家、全面推进中华民族伟大复兴而团结奋斗。

习近平总书记代表第十九届中央委员会向大会作的报告共分15个部分：一、过去五年的工作和新时代十年的伟大变革；二、开辟马克思主义中国化时代化新境界；三、新时代新征程中国共产党的使命任务；四、加快构建新发展格局，着力推动高质量发展；五、实施科教兴国战略，强化现代化建设人才支撑；六、发展全过程人民民主，保障人民当家作主；七、坚持全面依法治国，推进法治中国建设；八、推进文化自信自强，铸就社会主义文化新辉煌；九、增进民生福祉，提高人民生活品质；十、推动绿色发展，促进人与自然和谐共生；十一、推进国家安全体系和能力现代化，坚决维护国家安全和社会稳定；十二、实现建军一百年奋斗目标，开创国防和军队现代化新局面；十三、坚持和完善"一国两制"，推进祖国统一；十四、促进世界和平与发展，推动构建人类命运共同体；十五、坚定不移全面从严治党，深入推进新时代党的建设新的伟大工程。

党的二十大是在全党全国各族人民迈上全面建设社会主义现代化国家新征程、向第二个百年奋斗目标进军的关键时刻召开的一次十分重要的大会，在政治上、理论上、实践上取得了一系列重大成果。深入学习宣传贯彻党的二十大精神，对于动员全党全国各族人民更加紧密地团结在以习近平同志为核心的党中央周围，高举中国特色社会主义伟大旗帜，坚定道路自信、理论自信、制度自信、文化自信，为全面建设社会主义现代化国家、全面推进中华民族伟大复兴而团结奋斗，具有重大现实意义和深远历史意义。

14.二十届中共中央政治局开展集体学习①

二十届中央政治局第一次集体学习于2022年10月25日进行，重点围绕学习宣传贯彻党的二十大精神展开。在习近平总书记的领导下，中央政治局继承和发扬我们党重视学习、善于学习的优良传统，坚持和完善中央政治局集体学习这项重要制度，围绕党和国家事业发展的重大理论和实践问题。集体学习内容涵盖多个领域，包括基础研究、科技自立自强、中华民族共同体意识、高质量就业、教育改革等，截至2024年底，已累计开展18次集体学习。

15.学习贯彻党的二十大精神研讨班

2023年2月7日，新进中央委员会的委员、候补委员和省部级主要领导干部学习贯彻习近平新时代中国特色社会主义思想和党的二十大精神研讨班在中央党校（国家行政学院）开班。中共中央总书记、国家主席、中央军委主席习近平在开班式上发表重要讲话，概括提出并深入阐述中国式现代化理论，是党的二十大的一个重大理论创新，是科学社会主义的最新重大成果。中国式现代化是我们党领导全国各族人民在长期探索和实践中历经千辛万苦、付出巨大代价取得的重大成果，我们必须倍加珍惜、始终坚持、不断拓展和深化。

---

① 《党的十八大以来中共中央政治局集体学习》，共产党员网，https://www.12371.cn/special/lnzzjjtxx/?q=lo44l。

习近平总书记强调，推进中国式现代化必须抓好开局之年的工作。要全面贯彻落实党中央决策部署，坚持稳字当头、稳中求进，更好统筹国内国际两个大局，更好统筹疫情防控和经济社会发展，更好统筹发展和安全，全面深化改革开放，推动高质量发展，进一步引导经营主体强信心、稳定社会预期，努力实现经济运行整体好转。

16.学习贯彻习近平新时代中国特色社会主义思想主题教育

根据党的二十大部署，党中央决定，以县处级以上领导干部为重点，在全党深入开展学习贯彻习近平新时代中国特色社会主义思想主题教育，用党的创新理论统一思想、统一意志、统一行动，弘扬伟大建党精神，牢记"三个务必"，推动全党为全面建设社会主义现代化国家、全面推进中华民族伟大复兴而团结奋斗。

2023年4月3日，学习贯彻习近平新时代中国特色社会主义思想主题教育工作会议在北京召开。中共中央总书记、国家主席、中央军委主席习近平出席会议并发表重要讲话。他强调，强国建设、民族复兴的宏伟目标令人鼓舞、催人奋进，我们这一代共产党人使命光荣、责任重大。我们要以这次主题教育为契机，加强党的创新理论武装，不断提高全党马克思主义水平，不断提高党的执政能力和领导水平，为奋进新征程凝心聚力，踔厉奋发、勇毅前行，为全面建设社会主义现代化国家、全面推进中华民族伟大复兴而团结奋斗。

主题教育自上而下分两批进行。第一批从2023年4月开始，2023年8月基本结束；第二批从2023年9月开始，2024年1月基本结束。以县处级以上领导干部为重点，在全党开展。主题教育以凝心铸魂筑牢根本、锤炼品格强化忠诚、实干担当促进发展、践行宗旨为民造福、廉洁奉公树立新风为目标。着力解决理论学习、政治素质、能力本领、担当作为、工作作风、廉洁自律六个方面的突出问题。

2023年9月5日，学习贯彻习近平新时代中国特色社会主义思想主题教育第一批总结暨第二批部署会议在京召开。中共中央政治局常委、中央学习贯彻习近平新时代中国特色社会主义思想主题教育领导小组组长蔡奇出席会议并讲话。他强调，在党中央坚强领导下，第一批主题教育在以学铸魂、以学增智、以学正风、以学促干上取得明显成效。要认真学习领会、贯彻落实习近平总书记重要指示精神，贯彻落实第二批主题教育指导意见，以高度负责的精神把第二批主题教育科学谋划好、精心组织好。

2024年2月4日，学习贯彻习近平新时代中国特色社会主义思想主题教育总结会议在京召开。主题教育启动以来，全党紧扣"学思想、强党性、重实践、建新功"总要求，聚焦主题主线，明确目标任务，突出以学铸魂、以学增智、以学正风、以学促干，与做好开局之年工作紧密结合，特别是着力解决制约高质量发展问题、人民群众急难愁盼问题、党的建设突出问题，达到预期目的，取得明显成效。

2024年2月23日，为巩固拓展学习贯彻习近平新时代中国特色社会主义思想主题教育成果，中共中央办公厅印发《中共中央办公厅关于巩固拓展学习贯彻习近平新时代中国特色社会主义思想主题教育成果的意见》（以下简称《意见》）。《意见》提出，建立健全"第一议题"制度。各级党委（党组）召开常委会会议（党组会议）或党委（党组）理论学习中心组学习会，旨在认真学习习近平新时代中国特色社会主义思想和习近平总书记重要讲话精神，结合实际抓好贯彻落实。

17.学习宣传贯彻党的二十届三中全会精神

2024年7月15日至18日，中国共产党第二十届中央委员会第三次全体会议在北京召开。出席这次全会的有中央委员199人，候补中央委员165人。中央纪律检查委员会常务委员会委员和有关方面负责同志列席会议。党的二十大代表中部分基层同志和专家学者也列席了会议。

2024年7月18日，党的二十届三中全会通过《中国共产党第二十届中央委员会第三次全体会议公报》，全会审议通过《中共中央关于进一步全面深化改革、推进中国式现代化的决定》（以下简称《决定》）。

《决定》总结运用改革开放以来特别是新时代全面深化改革的经验，深入分析了推进中国式现代化面临的新形势新要求，集中全党全社会智慧，科学谋划了围绕中国式现代化进一步全面深化改革的总体部署，是指导新征程上进一步全面深化改革的纲领性文件。学习好贯彻好全会精神是当前和今后一个时期全党全国的一项重大政治任务。

（四）教材类

1. 第一批全国干部学习培训教材（2002年）

序号	书名
1	《马克思列宁主义基本问题》
2	《毛泽东思想基本问题》
3	《邓小平理论基本问题》
4	《社会主义市场经济概论》
5	《公共行政概论》
6	《工商管理概论》
7	《社会主义法制理论读本》
8	《21世纪干部科技修养必备》

续表

序号	书名
9	《从文明起源到现代化——中国历史25讲》
10	《古今文学名篇》
11	《汉语语言文字基本知识读本》
12	《中国艺术》

2.第二批全国干部学习培训教材（2006年）

序号	书名
1	《"三个代表"重要思想概论》
2	《科学发展观》
3	《加强党的执政能力建设》
4	《中国共产党历史二十八讲》
5	《宪法学习读本》
6	《当代世界问题概论》
7	《世界历史十五讲》
8	《外国艺术精粹赏析》
9	《外国文学》
10	《领导科学概论》
11	《人权知识干部读本》
12	《公共危机管理》
13	《中国公共财政》
14	《中外企业管理经典案例》
15	《社会保障制度建设》

3.第三批全国干部学习培训教材（2011年）

序号	书名
1	《自主创新》
2	《城乡规划与管理》
3	《社会主义新农村建设》
4	《生态文明建设与可持续发展》

续表

序号	书名
5	《金融发展与风险防范》
6	《民生保障与公共服务》
7	《社会服务与管理》
8	《基层民主建设》
9	《突发事件应急管理》
10	《公共事件中媒体运用和舆论应对》

4.第四批全国干部学习培训教材（2015年）

序号	书名
1	《全面建成小康社会与中国梦》
2	《坚持和发展中国特色社会主义》
3	《加快转变经济发展方式》
4	《社会主义民主政治建设》
5	《社会主义文化强国建设》
6	《社会主义和谐社会建设》
7	《建设美丽中国》
8	《加快推进国防和军队现代化》
9	《国际形势与中国外交》
10	《提高党的建设科学化水平》
11	《做好新形势下的群众工作》
12	《领导力与领导艺术》
13	《永葆清正廉洁的政治本色》

5.第五批全国干部学习培训教材（2019年）

序号	书名
1	《新时代 新思想 新征程》
2	《建设现代化经济体系》
3	《发展社会主义民主政治》
4	《推动社会主义文化繁荣兴盛》

序号	书名
5	《改善民生和创新社会治理》
6	《推进生态文明 建设美丽中国》
7	《决胜全面建成小康社会》
8	《将改革进行到底》
9	《建设社会主义法治国家》
10	《全面加强党的领导和党的建设》
11	《全面践行总体国家安全观》
12	《全面推进国防和军队现代化》
13	《坚持"一国两制" 推进祖国统一》
14	《全面推进中国特色大国外交》

6.第六批全国干部学习培训教材（2024年）

序号	书名
1	《深刻领悟"两个确立"的决定性意义》
2	《习近平新时代中国特色社会主义思想的世界观和方法论》
3	《推进新时代党的建设新的伟大工程》
4	《推进和拓展中国式现代化》
5	《推进和拓展中国式现代化案例选 经济篇》
6	《推进和拓展中国式现代化案例选 教育・科技・人才篇》
7	《推进和拓展中国式现代化案例选 政治・法治篇》
8	《推进和拓展中国式现代化案例选 文化・社会篇》
9	《推进和拓展中国式现代化案例选 生态文明・国家安全篇》

（五）课程类

1.中央党校（国家行政学院）中青年干部培训班"开学第一课"

从2019年至2024年，习近平总书记亲自到中央党校（国家行政学院）中青年干部培训班（以下简称"中青班"）开班式讲授"第一课"，已经讲授了七堂课。这七堂课的时间和主题分别如下。

2019年3月1日，主题是"在常学常新中加强理论修养，在知行合一中主动担当作为"。

2019年9月3日，主题是"发扬斗争精神增强斗争本领，为实现'两个一百年'奋斗目标而顽强奋斗"。

2020年10月10日，主题是"年轻干部要提高解决实际问题能力，想干事能干事干成事"。

2021年3月1日，主题是"立志做党光荣传统和优良作风的忠实传人，在新时代新征程中奋勇争先建功立业"。

2021年9月1日，主题是"信念坚定对党忠诚实事求是担当作为，努力成为可堪大用、能担重任的栋梁之材"。

2022年3月1日，主题是"筑牢理想信念根基树立践行正确政绩观，在新时代新征程上留下无悔的奋斗足迹"。

2024年3月1日，主题是"牢记初心使命顽强拼搏进取，奋力跑好历史的接力棒"。

2.学习贯彻习近平新时代中国特色社会主义思想全国好课程推荐目录①

序号	推荐单位	课程名称
省、自治区、直辖市，新疆生产建设兵团（共95门）		
1	北京市委组织部	习近平新时代中国特色社会主义思想概论
2		习近平总书记关于全面深化改革的重要论述
3		习近平总书记关于全面从严治党的重要论述
4		贯彻习近平总书记对北京重要讲话精神，建设国际一流的和谐宜居之都

---

① 本书编写组：《中国共产党干部教育百年历程》，党建读物出版社2023年版，第560—568页。表中推荐单位使用现机构名称。

序号	推荐单位	课程名称
5	天津市委组织部	深入学习贯彻习近平生态文明思想
6		习近平总书记关于全面从严治党的重要论述
7		习近平总书记关于总体国家安全观的重要论述
8	河北省委组织部	中国共产党西柏坡时期历史、经验及其当代价值
9		重温《甲申三百年祭》，走好新时代赶考之路
10		弘扬"塞罕坝精神"，深入学习贯彻习近平生态文明思想
11		习近平新时代中国特色社会主义思想正定探源
12	山西省委组织部	深入贯彻落实习近平总书记视察山西重要讲话精神
13		国际视角下的能源革命
14	内蒙古自治区党委组织部	努力增强马克思主义哲学看家本领——习近平总书记治国理政中的哲学智慧
15	辽宁省委组织部	习近平新时代中国特色社会主义思想解读
16		习近平总书记关于政治建设的重要论述
17	吉林省委组织部	习近平新时代中国特色社会主义思想概论
18		学习习近平总书记关于全面依法治国的重要论述
19	黑龙江省委组织部	全媒体时代领导干部媒介素养提升
20		深入领会习近平新时代中国特色社会主义思想
21		跟习近平总书记学辩证思维
22		深入学习领会习近平总书记关于网上群众路线的重要论述
23		深入领会习近平总书记关于社会治理的重要论述
24	上海市委组织部	中国特色社会主义新时代的科学内涵与实践要求
25		坚定文化自信，建设社会主义文化强国
26		巩固发展反腐败斗争压倒性胜利
27		用好传家宝，练好基本功——向习近平总书记学调查研究
28	江苏省委组织部	学习贯彻习近平总书记关于坚定"四个自信"的重要论述
29		习近平生态文明思想
30		始终高举旗帜 始终坚持发展——践行新时代村党支部书记的初心与使命
31	浙江省委组织部	习近平生态文明思想的萌发与升华
32		"最多跑一次"："放管服"改革的地方实践

续表

序号	推荐单位	课程名称
33	安徽省委组织部	习近平新时代中国特色社会主义思想概论
34		加强社会建设 创新社会治理
35		坚持把党的政治建设摆在首位
36		牢牢掌握意识形态工作领导权
37	福建省委组织部	深思笃行，永远牢记共产党人的初心使命
38	福建省委组织部	习近平生态文明思想
39		习近平总书记关于统一战线的重要论述
40		习近平总书记在宁德的实践与探索——谈《摆脱贫困》的理论价值和思想贡献
41	江西省委组织部	深刻认识把握中国共产党人的初心和使命
42		雨润井冈千山绿——习近平总书记关于扶贫工作的重要论述在井冈山的成功实践
43		习近平总书记全面依法治国新理念新思想新战略
44		践行"两山"理念 推进绿色发展——资溪的探索与实践
45	山东省委组织部	习近平总书记关于依宪治国的重要论述
46		学习贯彻习近平新时代中国特色社会主义经济思想
47		为政之道 以德为先——习近平"政德观"的传统文化意蕴
48		学习习近平总书记关于宗教工作的重要论述，做好新时代宗教工作
49	河南省委组织部	深刻领会新时代党的基层组织建设新要求
50		精准脱贫奔小康的兰考实践
51		不忘初心、牢记使命的典范——郑永和
52	湖北省委组织部	坚持全面依法治国——学习习近平总书记关于建设社会主义法治国家的重要论述
53		人民的领袖来自人民——习近平的知青岁月
54		引领湖北高质量发展的行动指南——深入学习贯彻习近平总书记视察湖北重要讲话精神
55	湖南省委组织部	推动构建人类命运共同体
56		学习贯彻习近平总书记关于党的政治建设的重要论述

续表

序号	推荐单位	课程名称
57	广东省委组织部	《共产党宣言》及其时代意义
58		毛泽东思想的科学体系与当代价值
59		打造共建共治共享的社会治理格局
60	广西壮族自治区党委组织部	深入把握习近平新时代中国特色社会主义思想的科学体系和精髓要义
61	广西壮族自治区党委组织部	牢固树立"政治意识、大局意识、核心意识、看齐意识"
62		习近平新时代中国特色社会主义经济思想
63		反腐败永远在路上
64	海南省委组织部	自由贸易的中国实践——推进自由贸易试验区和中国特色自由贸易港建设
65		深入贯彻习近平生态文明思想，建设海南国家生态文明试验区
66	重庆市委组织部	传承弘扬革命精神，初心使命永驻心间
67		"一带一路"倡议与重庆对外开放研究
68	四川省委组织部	不忘初心、牢记使命的时代内涵和实践路径
69		实施乡村振兴战略的四川实践
70	贵州省委组织部	深刻认识把握中国共产党人的初心和使命
71		深刻认识把握新时代我国社会主要矛盾
72		新时代坚持和发展中国特色社会主义的总任务
73		精准脱贫的贵州实践与经验
74	云南省委组织部	伟大理论引领伟大时代——深入学习贯彻习近平新时代中国特色社会主义思想
75		习近平新时代中国特色社会主义思想的历史地位和丰富内涵
76		习近平总书记关于扶贫工作的重要论述解读
77		学习领会习近平总书记关于家风建设的重要论述
78	西藏自治区党委组织部	制度安排在当代西藏改革发展中的运用与启示
79	陕西省委组织部	学习贯彻习近平新时代中国特色社会主义经济思想
80		习近平总书记论全面从严治党
81		习近平总书记关于实施乡村振兴战略的重要论述
82		践行"绿水青山就是金山银山"理念

续表

序号	推荐单位	课程名称
83	甘肃省委组织部	坚持底线思维，着力防范化解重大风险
84	青海省委组织部	从党的历史看牢固树立"四个意识"
85		习近平新时代生态经济体系的理论与实践
86		再读"老三篇" 提升精气神
87		铸牢中华民族共同体意识
88	宁夏回族自治区党委组织部	深刻认识把握中国共产党人的初心和使命
89		习近平生态文明思想
90		习近平总书记全面依法治国新理念新思想新战略
91	新疆维吾尔自治区党委组织部	巩固发展民族团结
92		弘扬可可托海精神 锤炼忠诚干净担当的政治品格
93		大力弘扬柯柯牙精神——绿色发展的阿克苏实践
94	新疆生产建设兵团党委组织部	习近平新时代中国特色社会主义思想解读
95		新时代中国发展进步的精神旗帜——中国梦
国家级干部培训院校（共26门）		
96	中央党校（国家行政学院）	习近平新时代中国特色社会主义思想概论
97		建设现代化经济体系
98		深化供给侧结构性改革
99		加快建设创新型国家
100		习近平总书记关于全面深化改革的重要论述
101		加强法治思维
102		习近平总书记关于新时代中国特色社会主义社会建设的重要论述
103		扩大中等收入群体的理论与政策分析
104		生态文明建设的制度体系
105		提高舆论引导能力
106		坚持党的群众路线
107		学习《中国共产党章程》
108		坚持和完善我国新型政党制度
109		"一带一路"合作中的国家软实力建设
110		防范化解重大风险

序号	推荐单位	课程名称
111	中国浦东 干部学院	绿水青山就是金山银山：深入学习贯彻习近平生态文明思想
112	中国井冈山 干部学院	用习近平新时代中国特色社会主义思想武装头脑
113		从毛泽东诗词感悟中国共产党人的初心
114		品读红色家书，不忘初心使命
115	中国延安 干部学院	做到"两个维护"的延安经验：第一代成熟中央领导集体形成与毛泽东领袖地位确立
116		学习《习近平的七年知青岁月》，感悟梁家河的大学问
117		弘扬七大精神，增强"四个意识"
118		感悟延安优良传统，严肃党内政治生活
119	中国大连高 级经理学院	以习近平新时代中国特色社会主义思想为指引，做强做优做大国有企业
120		做新时代的铁人
121		中国梦 航天梦——传承航天精神
中央和国家机关部委、人民团体（共28门）		
122	中共中央组 织部全国组 织干部学院	树鲜明导向，促担当作为
123		学习传承基层党建历史经验，提升新时代党的基层组织力
124	中央统战部	中国共产党与中华民族伟大复兴
125	外交部	学习贯彻习近平外交思想 深入推进新时代中国特色大国外交
126		以人民为中心 维护海外同胞安全——紧急撤离在也门中国公民案例
127	教育部	学习实践习近平总书记关于教育的重要论述
128	国家民委	习近平总书记关于民族工作的重要论述
129		推动中华民族走向包容性更大凝聚力更强的命运共同体——习近平总书记关于民族工作的重要论述
130		新时代民族团结进步事业的根本遵循——学习习近平总书记关于民族工作的重要论述
131	公安部	加强新时代公安机关党的政治建设
132		学习贯彻习近平总书记关于公安工作的重要论述

续表

序号	推荐单位	课程名称
133	生态环境部	深入学习贯彻习近平生态文明思想 坚决打好污染防治攻坚战
134		不断推进中央生态环境保护督察向纵深发展
135		深入学习贯彻习近平生态文明思想
136		科学把握生态文明新形势 开启美丽中国建设新篇章
137	住房城乡建设部	城市与自然生态
138		城乡协调发展与乡村建设
139	商务部	贯彻习近平总书记关于自贸试验区建设系列重要指示精神，建设新时代改革开放新高地
140	文化和旅游部	关于文化自信与国家博物馆的新使命
141		以习近平总书记文艺工作座谈会重要讲话精神为指导，做好新时代文艺批评——兼谈马克思主义文艺批评
142	海关总署	把加强党的政治建设的部署要求认真落实到基层
143		坚定宪法自信，提升法治思维和依法办事能力
144	税务总局	以人民为中心推进税制改革 充分发挥所得税职能作用
145	中国社会科学院	习近平新时代中国特色社会主义思想解读
146	国家林业和草原局	增强草原资源保护意识夯实生态文明建设基础
147	国家乡村振兴局	以习近平总书记关于扶贫工作的重要论述为指导 坚决打赢脱贫攻坚战
148		深刻领会习近平总书记关于扶贫工作的重要论述 决战决胜脱贫攻坚
149	全国妇联	深入学习习近平总书记关于家庭的重要论述
中管金融企业和中管企业（共13门）		
150	国家开发银行	以习近平总书记关于扶贫工作的重要论述为指导 扎实做好金融扶贫工作
151		坚持以习近平新时代中国特色社会主义思想为指导，以开发性金融创新支持大连深度融入"一带一路"建设
152	中国农业发展银行	坚守共产党人的初心和使命 建设高质量现代化农业政策性银行
153	中国建设银行股份有限公司	践行金融三大任务 助力服务实体经济

序号	推荐单位	课程名称
154	中国人民保险集团股份有限公司	深入学习习近平新时代中国特色社会主义经济思想 扎实推动经济高质量发展
155	中国国家铁路集团有限公司	习近平新时代中国特色社会主义思想的理论渊源和实践基础
156		不忘初心、牢记使命——从红船初心到民族复兴
157	中国核工业集团有限公司	做一名优秀的中核之士
158	中国航天科技集团有限公司	精神的力量
159	中国航天科工集团有限公司	初心如磐 使命在肩
160		坚持党的领导 加强党的建设 以新发展理念引领高质量发展
161	中国长江三峡集团有限公司	大国重器：从葛洲坝到三峡
162	鞍钢集团有限公司	习近平总书记关于全面从严治党的重要论述
部分高等学校（共14门）		
163	北京大学	习近平新时代中国特色社会主义思想概论
164		社会主义核心价值观与人类共同价值观若干重点难点问题解析
165	清华大学	不忘初心——党的建设优良传统与全面从严治党
166		创新驱动发展的中国之路
167	中国人民大学	中国特色社会主义发展的理论逻辑和历史逻辑
168		新时代的城乡融合与乡村振兴战略
169	北京航空航天大学	谈谈学习党章的方法——以入党誓词为例
170	浙江大学	决胜全面建成小康社会，实现中华民族的伟大复兴
171		习近平新时代中国特色社会主义思想——浙江实践与经验

序号	推荐单位	课程名称
172	天津大学	习近平新时代中国特色社会主义思想概论
173		不忘初心 改革开放再出发
174	厦门大学	习近平新时代中国特色社会主义思想解读
175	中南大学	深入学习习近平总书记关于斗争精神的重要论述
176	兰州大学	习近平新时代中国特色社会主义思想是党和国家必须长期坚持的指导思想

（六）大事记

干部教育大事记是通史型资料，作为干部教育记录文体，具有较高的史料价值。党的十八大以来的干部教育大事记记载了干部教育活动或干部教育工作中所发生的重大事件，包括一般信息，如事实、数据、政策、法规、组织机构等，还包括有关干部教育重要的新闻、报道、消息等。

1.中央党校建校80周年

2013年3月1日，中央党校举行建校80周年庆祝大会暨2013年春季学期开学典礼。中共中央总书记习近平出席并发表重要讲话。习近平总书记强调，好学才能上进。中国共产党人依靠学习走到今天，也必然要依靠学习走向未来。我们的干部要上进，我们的党要上进，我们的国家要上进，我们的民族要上进，就必须大兴学习之风，坚持学习、学习、再学习，坚持实践、实践、再实践。

习近平总书记指出，我们党历来重视抓全党特别是领导干部的学习，这是推动党和人民事业发展的一条成功经验。习近平总书记强调，全党面临的一个重要课题，就是如何正确认识和妥善处理我国发展起来后不断出现的新情况新问题。要认识好、解决好各种问题，唯一的途径就是增强我们自己的本领。增强本领就要加强学习，既把学到的知识运用于实践，又在实践中增长解决问题的新本领。领导干部都担负着党和人民交付的职责，要不断提高自己、丰富自己，兢兢业业做好工作，不断提高工作水平和质量。习近平总书记强调，学习的目的全在于运用。领导干部加强学习，根本目的是增强工作本领、提高解决实际问题的水平。

习近平总书记强调，中央党校80年来为我国革命、建设、改革事业培养了大批领导干部，在坚持党的思想路线、推进党的理论创新中作出了重要贡献，为推动党和人民事业发展特别是推进改革开放发挥了重要作用。我们庆祝中央党校建校80周年，就是要发扬党校的光荣传统，为加强干部教育培训、推进党的理论建设，为坚持和发展中国特色社会主义作出新的更大贡献。

2.开展中国浦东、井冈山、延安干部学院"办学质量年"活动

2013年，为进一步提高中国浦东、井冈山、延安干部学院办学质量，中共中央组织部在三所干部学院开展"办学质量年"活动。这项活动着眼围绕提高办学质量、凸显办学特色，总结经验，研究规律，改革创新，坚持内涵发展为主，进一步提高学院教学、科研、管理水平，推进干部教育培训名牌学院建设，在党性、宗旨、作风、纪律教育方面发挥独特作用。中共中央组织部专门印发通知，对三所干部学院建设提出了明确要求：一是把握办学方向，二是深化教学改革创新，三是规范学院管理，四是加强队伍建设。

3.中央党校召开弘扬良好学风座谈会

2013年3月28日，中央党校召开弘扬良好学风座谈会。时任中共

中央政治局常委、中央书记处书记、中央党校校长刘云山主持会议并作重要讲话。中央党校省部班、高级研修班、中青一班的学员代表和教师代表参加座谈。与会同志围绕学习贯彻习近平总书记关于加强学习的重要指示，结合落实中共中央组织部《关于在干部教育培训中进一步加强学员管理的规定》，就如何进一步弘扬良好学风，讲认识、谈体会、提建议。

4.习近平总书记提出好干部要做到信念坚定、为民服务、勤政务实、敢于担当、清正廉洁

2013年6月28日至29日，全国组织工作会议在北京召开。中共中央总书记习近平出席会议并发表重要讲话。时任中共中央政治局常委、中央书记处书记刘云山在会议上讲话。时任中共中央政治局常委、中央纪委书记王岐山出席会议。这次会议研究部署了今后5年党的建设和组织工作。

习近平总书记指出，我们党历来高度重视选贤任能，始终把选人用人作为关系党和人民事业的关键性、根本性问题来抓。习近平总书记强调，好干部不会自然而然产生。成长为一个好干部，一靠自身努力，二靠组织培养。习近平总书记指出，把好干部选用起来，需要科学有效的选人用人机制。要紧密结合干部工作实际，认真总结，深入研究，不断改进，努力形成系统完备、科学规范、有效管用、简便易行的制度机制。习近平总书记强调，培养选拔年轻干部，事关党的事业薪火相传，事关国家长治久安。加强和改进年轻干部工作，要下大气力抓好培养工作。对那些看得准有潜力、有发展前途的年轻干部，要敢于给他们压担子，有计划安排他们去经受锻炼。

这次全国组织工作会议，深入贯彻落实党的十八大精神，全面部

署了当前和今后一个时期党的建设和组织工作。习近平总书记的重要讲话，从全局和战略高度，对培养选拔党和人民需要的好干部作出深刻阐述，对组织工作贯彻落实党要管党、全面从严治党方针提出明确要求，对组织部门改进作风寄予殷切期望，为做好新形势下党的建设和组织工作提供了行动指南。

5. 2013年全国干部教育培训工作会议

2013年10月14日，全国干部教育培训工作会议在北京召开。会议的主要任务是深入学习贯彻党的十八大和习近平总书记系列重要讲话精神，认真落实《2013—2017年全国干部教育培训规划》，坚持高标准、严要求，推进干部教育培训改革继续深化、质量不断提升，着力培养造就党和人民需要的好干部，为实现"两个一百年"奋斗目标、实现中华民族伟大复兴的中国梦提供坚强保障。

时任中共中央政治局委员、中共中央组织部部长赵乐际出席会议并讲话，充分肯定了党的十七大以来干部教育培训取得的重大进展。强调坚持和发展中国特色社会主义、进行具有新的历史特点的伟大斗争，必须切实发挥干部教育培训的重要功能。与会代表还分组讨论了《关于在干部教育培训中加强和改进党性教育的意见》和《关于建立领导干部上讲台制度的意见》两篇文稿。

6. 2015年全国党校工作会议

2015年12月11日至12日，全国党校工作会议在北京召开。中共中央总书记习近平出席会议并发表重要讲话。他强调，实现全面建成小康社会奋斗目标、实现中华民族伟大复兴的中国梦，关键在于培养造就一支具有铁一般信仰、铁一般信念、铁一般纪律、铁一般担当的干部队伍。党校承担着为领导干部补钙壮骨、立根固本的重要任务，必须坚持党校姓党这个党校工作根本原则，更加重视干部教育培训工作，切实做好新形势下党校工作。

习近平总书记的重要讲话高屋建瓴，从加强党的建设、更好履行党的执政使命的战略高度出发，紧紧围绕坚持党校姓党这一根本原则，深刻解答了关乎党校事业长远发展的若干重大问题。这篇讲话是指导新形势下党校工作的纲领性文件。我们必须深入学习、深刻领会，并全面贯彻落实讲话精神，切实将思想和行动统一到讲话的核心要义上来。

7.国务院新闻办公室举行党校干部教育培训等新闻发布会

2016年7月6日上午，国务院新闻办公室在国务院新闻办新闻发布厅举行新闻发布会，请中央党校负责同志等介绍党校干部教育培训等方面情况，并答记者问。

1933年3月在江西瑞金成立的马克思列宁主义学校，是中央党校的前身。90多年来，党校教育伴随党的事业一路发展完善。党校是教育培训领导干部的主渠道，同时也是学习、研究、宣传党的理论的重要阵地，是干部加强党性锻炼的熔炉，是党的哲学社会科学的研究机构。我们党始终高度重视党校工作，改革开放至党的十八大以前，中央专门就党校工作制定出台6个文件，召开6次全国党校工作会议。每一份文件、每一次会议，都针对当时的形势和任务，对加强和改进党校工作作出部署，推动党校工作与时俱进。

中央党校作为轮训培训党的高中级领导干部和马克思主义理论干部的最高学府，党的十七大至党的十八大，习近平同志曾兼任校长达5年。在此期间，他针对党校工作提出了一系列创新性思考，回答了党校为什么办、如何办，党校培养什么样的人、如何去培养人等根本问题，形成了系统的党校治校思想。党的十八大以来，中央党校认真学习贯彻习近平总书记系列重要讲话精神，认真贯彻落实习近平总书记党校治校思想，坚持党校姓党、从严治校，无论是教学科研还是行政后勤，各方面的工作都发生了深刻变化，党校的职能作用正在全方位发挥。

国务院新闻办公室还分别在中国浦东、井冈山、延安干部学院等举行新闻发布会，介绍干部教育培训等方面情况。

8.《胡锦涛文选》第一、二、三卷出版发行

2016年9月，《胡锦涛文选》第一、二、三卷出版发行。9月23日，中共中央作出《关于学习〈胡锦涛文选〉的决定》（以下简称《决定》）。《决定》要求，全党同志要充分认识学习《胡锦涛文选》的重要性和必要性，潜心研读原著，把握精神实质，真正学通弄懂，加强对习近平总书记系列重要讲话精神和党中央治国理政新理念新思想新战略的理解。

9月29日，中共中央在北京举行学习《胡锦涛文选》报告会。中共中央总书记习近平在会上发表重要讲话。他强调，当前要把学习《胡锦涛文选》摆在党的思想政治建设和党员、干部理论学习培训的重要位置，通过学习加深对党的十八大以来提出的治国理政新理念新思想新战略的理解，继续奋发进取，为实现"两个一百年"奋斗目标、实现中华民族伟大复兴的中国梦而不懈奋斗。

干部教育培训课程是传播党的理论和路线方针政策的重要载体，是建设学习型、服务型、创新型马克思主义执政党的有效抓手，是提高干部教育培训质量效益的基础保障。自党的十八大以来，各地区各部门积极贯彻落实《干部教育培训工作条例》，重点聚焦理论教育、党性修养及专业化能力培训，开发并更新了大量务实高效、各具特色的

培训课程。与此同时，通过运用"互联网+"技术，成功实现了优质课程资源的共享，从而有效帮助广大干部提升理论素养，并更好地指导实践工作。中共中央组织部于2017年8月组织开展了全国干部教育培训好课程推荐活动，旨在贯彻落实《干部教育培训工作条例》和《2013—2017年全国干部教育培训规划》的要求，发现并推介一批富有时代特征、实践特色的好课程和高水平师资，推动优质课程和师资共建共享。经中共中央组织部会同有关部门组成专家组集中审核，确定"坚强的党性是高素质领导干部的首要条件"等133门课程为全国干部教育培训好课程。

2019年6月，中共中央组织部办公厅印发《关于开展学习贯彻习近平新时代中国特色社会主义思想全国好课程推荐评审工作的通知》（以下简称《通知》）。《通知》要求，推荐范围是近年来开发的学习贯彻习近平新时代中国特色社会主义思想的干部教育培训课程，特别是党的十九大以来，根据《习近平新时代中国特色社会主义思想学习纲要》、第五批全国干部学习培训教材、《学习贯彻习近平新时代中国特色社会主义思想课程体系和教学大纲（试行）》开发或更新完善的课程。推荐类别主要包括总论课程、分论课程、特色课程。推荐标准是政治方向正确、理论联系实际、教学方法适当、授课效果良好。

2020年1月，中共中央组织部办公厅印发《关于印发学习贯彻习近平新时代中国特色社会主义思想全国好课程推荐目录的通知》。经中共中央组织部会同有关部门组成专家组集中评审，确定"习近平新时代中国特色社会主义思想概论"等176门课程为全国好课程。

9.《习近平谈治国理政》第一、二、三卷出版发行

党的十八大以来，以习近平同志为核心的党中央带领全党全国

各族人民开启了改革开放和社会主义现代化建设的新征程。在治国理政新的实践中，习近平总书记发表了一系列重要讲话，提出了许多新思想新观点新论断，集中展示了中央领导集体的治国理念和执政方略。

2014年10月，国务院新闻办公室会同中共中央文献研究院、中国外文局编辑出版了《习近平谈治国理政》第一卷。本书收录了习近平总书记在2012年11月15日至2014年6月13日的讲话、谈话、演讲、答问、批示、贺信等79篇，分为18个专题。

2017年11月，中共中央宣传部会同中共中央文献研究院、中国外文局编辑出版了《习近平谈治国理政》第二卷。该书收入了习近平总书记在2014年8月18日至2017年9月29日的讲话、谈话、演讲、批示、贺电等99篇，分为17个专题。

2017年11月，中共中央办公厅转发《中央宣传部、中央组织部关于认真组织学习〈习近平谈治国理政〉第二卷的通知》，要求各级党组织要把《习近平谈治国理政》第二卷和先期出版的《习近平谈治国理政》第一卷，作为深入学习领会习近平新时代中国特色社会主义思想和党的十九大精神的权威读本，切实组织好学习。要以高度的使命感和责任感，系统学习、深入学习，切实把思想和行动统一到习近平新时代中国特色社会主义思想上来，统一到党的十九大确定的重大决策部署上来。

2020年6月，中共中央宣传部（国务院新闻办公室）会同中共中央党史和文献研究院、中国外文局编辑出版了《习近平谈治国理政》第三卷。该书收入了习近平总书记在2017年10月18日至2020年1月13日的报告、讲话、谈话、演讲、批示、指示、贺信等92篇，分为19个专题。

2020年7月，中共中央办公厅转发《中央宣传部、中央组织部关于认真组织学习〈习近平谈治国理政〉第三卷的通知》，要求各级党组织要精心组织、周密安排，将《习近平谈治国理政》第三卷与第一卷、第二卷作为一个整体，引导广大党员、干部读原著、学原文、悟原理。

10.2018年全国干部教育培训工作会议

2018年11月12日至13日，全国干部教育培训工作会议在北京召开。会议深入学习贯彻习近平新时代中国特色社会主义思想和党的十九大精神，学习贯彻习近平总书记关于干部教育培训的重要指示精神，对贯彻落实《2018—2022年全国干部教育培训规划》进行部署。十九届中共中央政治局委员陈希同志出席会议并讲话。

会议强调，习近平总书记关于干部教育培训的重要论述，指明了新时代干部教育培训的战略地位、鲜明主题、主要任务、根本原则、路径方法和干部教育培训工作者的职责使命，体现了恢宏的战略思维、深邃的历史眼光、博大的政治视野、鲜明的问题导向，为做好新时代干部教育培训工作指明了前进方向、提供了根本遵循。

会议明确了当前和今后一个时期干部教育培训工作的目标任务和措施要求。一是坚持把学习贯彻习近平新时代中国特色社会主义思想主题教育培训作为首要任务、头等大事。二是坚持把旗帜鲜明讲政治作为干部教育培训的根本要求。三是着力增强新时代干部教育培训的时代性、针对性、有效性。

11.编选贯彻落实习近平新时代中国特色社会主义思想在改革发展稳定中攻坚克难案例

2019年7月，中共中央组织部会同中共中央宣传部等有关部门，围绕深入学习贯彻习近平新时代中国特色社会主义思想，分领域分专题编选了党的十八大以来在改革发展稳定中攻坚克难的典型案例，供广大党员干部学习使用。

2019年9月，中共中央组织部、中央党校（国家行政学院）结合干部教育培训特别是案例教学的特点，对案例进一步挖掘和编辑，形成了教学案例和与之配套的教学手册。这批典型案例展示了习近平新时代中国特色社会主义思想在波澜壮阔的社会实践中的巨大指导作用，是帮助党员干部学习领会这一重要思想的生动教材，也是破解改革发展稳定重点难点问题的重要参考。这批典型案例共出版八种图书。[①]内容涵盖经济建设、政治建设、文化建设、社会建设、生态文明建设、党的建设和防范化解重大风险等领域。

中共中央组织部、中央党校（国家行政学院）印发《关于学好用好"贯彻落实习近平新时代中国特色社会主义思想，在改革发展稳定中攻坚克难案例"（教学版）和教学手册的通知》，要求各级党校（行政学院）和各类干部教育培训机构把这批教学案例和教学手册作为开展学习贯彻习近平新时代中国特色社会主义思想主题教育培训的重要辅助教材。

12.《习近平新时代中国特色社会主义思想学习纲要》出版发行

为深入推进习近平新时代中国特色社会主义思想的学习与贯彻，2019年6月，《习近平新时代中国特色社会主义思想学习纲要》（以下简称《纲要》）由中共中央宣传部编著，学习出版社、人民出版社联合出版发行。中共中央发出关于印发《纲要》的通知。

《纲要》共21章、99目、200条，近15万字。全书紧紧围绕习近平新时代中国特色社会主义思想是党和国家必须长期坚持的指导思想这一主题，以"八个明确"和"十四个坚持"为核心内容和主要依据，

---

① 参见共产党员网，https://www.12371.cn/special/xxzd/ts/。

对习近平新时代中国特色社会主义思想作出了全面系统的阐述，有助于广大干部群众更好理解把握这一思想的基本精神、基本内容、基本要求，更加自觉地用于武装头脑、指导实践、推动工作。

《纲要》内容丰富、结构严整，忠实原文原著、文风生动朴实，是全党开展"不忘初心、牢记使命"主题教育的重要学习材料，是广大干部群众深入学习领会习近平新时代中国特色社会主义思想的重要辅助读物。

13.《习近平新时代中国特色社会主义思想学习问答》出版发行

2021年3月，中共中央宣传部组织编写了《习近平新时代中国特色社会主义思想学习问答》（以下简称《问答》）一书，由学习出版社、人民出版社联合出版。

《问答》紧跟实践发展步伐，聚焦理论热点、难点，回应干部群众关切，以问答体的形式全面系统、深入浅出地阐述了习近平新时代中国特色社会主义思想的基本精神、基本内容、基本要求，有助于广大党员干部群众更加深入学习领会党的创新理论，更加自觉用以武装头脑、指导实践、推动工作。《问答》共分7个板块、100个问题，内容丰富、形式新颖，图文并茂、通俗易懂，是深入学习贯彻习近平新时代中国特色社会主义思想的重要辅助读物。

14.《习近平著作选读》第一卷、第二卷出版发行

2022年5月，党中央作出编辑出版《习近平著作选读》的重大决定。中共中央文献编辑委员会编辑的《习近平著作选读》第一卷、第二卷由人民出版社出版，2023年4月3日起在全国发行，全国各地迅速掀起了学习热潮。

《习近平著作选读》以习近平总书记在中国共产党第二十次全国代表大会上的报告《高举中国特色社会主义伟大旗帜　为全面建设社会主义现代化国家而团结奋斗》为开卷篇，其他著作按时间顺序编排。第一卷收录的是习近平总书记在2012年11月至2017年10月的重要著作，共有讲话、演讲、指示、批示、训令等71篇。第二卷收录的是习近平总书记在2017年10月至2022年10月的重要著作，共有报告、讲话、谈话、演讲、指示等75篇。部分著作是第一次公开发表，是全党全国各族人民深入学习贯彻习近平新时代中国特色社会主义思想的权威教材。

15.《习近平谈治国理政》第四卷出版发行

2022年6月，《习近平谈治国理政》第四卷出版发行。《习近平谈治国理政》第四卷由中共中央宣传部（国务院新闻办公室）会同中共中央党史和文献研究院、中国外文局编辑，由外文出版社以中英文版出版。收录了习近平总书记在2020年2月3日至2022年5月10日的重要讲话、谈话、演讲、致辞、指示、贺信等109篇，还收入了习近平总书记2020年1月以来的图片45幅。全书分为21个专题，生动记录了以习近平同志为核心的党中央，面对世界百年未有之大变局和世纪疫情相互叠加的复杂局面，面对世所罕见、史所罕见的风险挑战，统筹国内国际两个大局，统筹疫情防控和经济社会发展，统筹发展和安全，团结带领全党全国各族人民在中华大地上全面建成小康社会、开启全面建设社会主义现代化国家新征程的伟大实践，集中展现马克思主义中国化时代化最新成果，充分体现我们党为推动构建人类命运共同体、共建美好世界的最新贡献，是全面系统反映习近平新时代中国特色社会主义思想开辟新境界、实现新飞跃的权威著作。

《习近平谈治国理政》第四卷对于帮助国际社会及时了解习近平新时代中国特色社会主义思想的最新发展，增进对中国共产党过去为什么能够成功、未来怎样才能继续成功的认识，加深对中国之路、中国之治、中国之理的理解，具有重要意义。

16.中央党校（国家行政学院）建校90周年

2023年3月1日上午，中央党校（国家行政学院）建校90周年庆祝大会暨2023年春季学期开学典礼隆重举行。习近平总书记出席并发表重要讲话，从党和国家事业发展全局的高度，回顾总结了中央党校（国家行政学院）90年历史成就和光辉业绩，高度评价中央党校（国家行政学院）在革命、建设、改革和新时代各个时期作出的重大贡献，围绕坚守"为党育才、为党献策"的党校初心作了全面深刻阐述，对新时代党校工作提出明确要求。强调坚守党校初心，就必须始终自觉服务好党和国家工作大局；强调坚守党校初心，就必须在培养造就堪当民族复兴重任的执政骨干队伍上积极作为；强调坚守党校初心，就必须努力当好党的思想理论建设的生力军；强调坚守党校初心，就必须始终坚持从严治校、质量立校。

习近平总书记的重要讲话高屋建瓴、思想深刻、内涵丰富、要求明确，是指引新时代党校事业发展的纲领性文献。各级党委特别是各级党校要深入学习贯彻习近平总书记这篇重要讲话精神和关于党校工作的重要论述，牢记"国之大者"、党之大计，坚守党校初心，在"为党育才、为党献策"上积极作为，努力把党校办好，为全面建设社会主义现代化国家、全面推进中华民族伟大复兴作出新的更大贡献。

17.《习近平新时代中国特色社会主义思想专题摘编》出版发行

2023年4月，为配合在全党深入开展的学习贯彻习近平新时代中国特色社会主义思想主题教育，中共中央党史和文献研究院、中央学习贯彻习近平新时代中国特色社会主义思想主题教育领导小组办公室联合编辑了《习近平新时代中国特色社会主义思想专题摘编》（以下简称《专题摘编》），由中央文献出版社、党建读物出版社联合出版发行。

《专题摘编》内容摘自习近平总书记2012年11月15日至2023年3月15日的报告、讲话、说明、演讲、谈话、文章、贺信、指示、批示等410多篇重要文献，分为18个专题，共计1031段论述。其中，部分论述是第一次公开发表。

各级党组织把《专题摘编》纳入主题教育学习计划，组织党员、干部原原本本学、逐字逐句悟，深刻领悟"两个确立"的决定性意义，增强"四个意识"、坚定"四个自信"、做到"两个维护"，切实把习近平新时代中国特色社会主义思想运用到贯彻落实党的二十大提出的重大战略部署中，变成改造主观世界和客观世界的强大思想武器。

18.《习近平新时代中国特色社会主义思想学习纲要》（2023年版）出版发行

为推动全党全社会深刻领悟"两个确立"的决定性意义，把学习贯彻习近平新时代中国特色社会主义思想进一步引向深入，根据党中央要求，中共中央宣传部对2019年出版的《习近平新时代中国特色社会主义思想学习纲要》进行修订。2023年4月中共中央发出关于印发《习近平新时代中国特色社会主义思想学习纲要（2023年版）》（以下简称《纲要（2023年版）》）的通知。

党中央认为，《纲要（2023年版）》对习近平新时代中国特色社会主义思想作了全面系统阐述，充分反映了这一思想的最新发展，有助于更好地理解把握党的创新理论的基本精神、基本内容、基本要求。党中央同意印发《纲要（2023年版）》（由中共中央宣传部统一印发），作为广大党员、干部、群众深入学习领会习近平新时代中国特色社会主义思想的重要辅助读物。

19.健全常态化培训特别是基本培训机制

2024年7月18日，中国共产党第二十届中央委员会第三次全体会议通过的《中共中央关于进一步全面深化改革、推进中国式现代化的决定》指出，深化党的建设制度改革。以调动全党抓改革、促发展的积极性、主动性、创造性为着力点，完善党的建设制度机制。加强党的创新理论武装，建立健全以学铸魂、以学增智、以学正风、以学促干长效机制。深化干部人事制度改革，鲜明树立选人用人正确导向，大力选拔政治过硬、敢于担当、锐意改革、实绩突出、清正廉洁的干部，着力解决干部乱作为、不作为、不敢为、不善为问题。树立和践行正确政绩观，健全有效防范和纠治政绩观偏差工作机制。落实"三个区分开来"，激励干部开拓进取、干事创业。推进领导干部能上能下常态化，加大调整不适宜担任现职干部的力度。健全常态化培训特别是基本培训机制，强化专业训练和实践锻炼，全面提高干部现代化建设能力。完善和落实领导干部任期制，健全领导班子主要负责人变动交接制度。增强党组织政治功能和组织功能。探索加强新经济组织、新社会组织、新就业群体党的建设有效途径。完善党员教育管理、作用发挥机制。完善党内法规，加强党内法规的权威性和执行力。

基本培训是指在干部教育培训中具有基础性、主体性、牵引性的培训任务，是教育培训机构尤其是党校最重要的、必须完成的培训任务，是贯彻落实习近平总书记关于干部教育培训重要论述和党中央关于干部教育培训决策部署的重要举措，是实现全员培训、全面覆盖、全周期实施的关键之举。基本培训是一项系统工程，着力点是明确培训对象、培训内容、培训方式、培训学制、培训周期等关键要素，推动形成多要素融合、多环节贯通、多主体协同的培训新格局，实现干部教育培训宏观质量和微观质量相统一、共提升。基本培训的对象就是各级党政领导干部、公务员、国有企业领导人员、事业单位领导人员、年轻干部、理论宣传骨干、高层次人才、基层干部、党员等。基本培训的内容就是以深入学习贯彻习近平新时代中国特色社会主义思想为主题主线，以党的理论教育、党性教育和履职能力培训为重点，注重知识培训。基本培训的方式就是坚持集中学习，有条件的要进行集中住校培训，严格学员管理；用好现代信息技术，运用线上线下相融合、直播录播相结合的方式，推动好课程、好资源向基层延伸覆盖。基本培训的学制立足干部教育培训目标和对象的实际情况，科学设置培训班次的时长。基本培训的周期根据党中央统一部署，按照党代会召开的周期，一般每五年制定实施一轮全国干部教育培训规划；同时，根据形势任务需要和具体情况作出弹性安排，确保干部学习的整体性、连贯性和有效性。基本培训的要求主要适用于各级党校，其他干部教育培训机构可参照执行。[①]

（七）数字文献

随着信息技术的不断更迭发展，数字文献成为干部教育载体的一

---

① 《党的二十届三中全会〈决定〉学习辅导百问》，党建读物出版社、学习出版社2024年版。

种具体形式。充分运用数据库的网络载体，提供有关学习的新闻发布、资料分享、动态互动、手机阅读、信息检索等多种功能，成为新时代干部教育工作的新形式，这些数字文献极大丰富了干部教育文献内容。

1.习近平系列重要讲话数据库

习近平系列重要讲话数据库由人民网·中国共产党新闻网制作，重点收录了党的十八大以来习近平总书记发表的系列重要讲话原文300余篇，相关重要论述、活动、会议、批示、书信、致辞、音视频等共计6000多篇，涵盖政治、经济、文化、社会、生态、党建、国防、外交等各个领域。

网址：http://jhsjk.people.cn

2.《习近平著作选读》文库

《习近平著作选读》文库由中共中央组织部主管、中组部党员教育中心主办、央视网承办的共产党员网制作，该文库主要有《习近平著作选读》第一卷、《习近平著作选读》第一卷目录导览、《习近平著作选读》第二卷、《习近平著作选读》第二卷目录导览、《习近平著作选读》知识自测等栏目和《习近平著作选读》学习心得70余篇及各部委理论学习中心组的学习体会28篇等。

网址：https://www.12371.cn/special/zzxd/

3.求是网数据资料数据库

求是网数据资料数据库由中共中央机关党刊主办，汇集了习近平总书记系列重要讲话数据库，习近平总书记全面从严治党重要论述数据库，中共中央政治局集体学习、中央文件、国务院政策文件库，党纪法规库，党史资料库等24个相关数据库的数据资料，覆盖政治、经济、文化、社会、党建等多个方面。

网址：http://www.qstheory.cn/v9zhuanqu/resource/sjzl/index.htm

4.党史和文献研究院成果总库

党史和文献研究院成果总库由中共中央党史和文献研究院主管主办，成果总库包含经典著作编译、党和国家领导人著作、党史研究重大成果、党和国家重要文献、年谱、传记等栏目。

网址：https://ebook.dswxyjy.org.cn/

5.马克思主义研究网

马克思主义研究网由中国社会科学院马克思主义研究学部、马克思主义研究院主办，内容根据马克思主义研究的基本内容分成科学发展观、马克思主义、列宁主义、中国共产党党史、国际共运史、当代世界社会主义、国外马克思主义流派、当代资本主义与资本主义发展史等12个频道。网站设置基本文献、理论研究、社会实践、参考资料等栏目，包含经典原著、重要文献、讲话文件、期刊论文等。

网址：http://marxism.cass.cn/

6.中共党史网

中共党史网由党史博览杂志社主办，是以习近平总书记系列重要讲话精神为指导，以传播党的路线方针政策为己任，为广大党员、党的各级组织提供党史信息的交流平台，包括党史人物、红墙纪事、图说历史、外交风云等20个栏目。

网址：http://www.zgdsw.com/

7. 党的建设数据库

党的建设数据库由人民网·中国共产党新闻网制作，以党建为中心，包括视频、百科、词典、图库、案例、学习等类型的资源，涵盖政治建设、思想建设、组织建设、作风建设、纪律建设、制度建设、反腐败斗争等多方面。

网址：http://djsjk.people.cn/

8. 党史学习教育网

党史学习教育网由党史学习教育领导小组办公室指导，聚焦党中央关于开展党史学习教育的重要精神和决策部署，展现党史学习教育进展情况和典型经验，及时反映党史学习教育的成效反响和感人故事。栏目包括重要论述、要闻要论、动态进展、媒体集萃、为民办事、党史资料。

网址：http://dangshi.people.com.cn/

9. 学习平台

学习平台是由中共中央组织部主管、中组部党员教育中心主办、央视网承办的党员教育平台，旨在为基层党组织和广大党员提供优质高效的教育管理服务功能，建设全面从严治党的工作平台、与时俱进的党员教育平台、联系服务党员群众的互动平台，包含学习书库、理论评论、思想解析、热门专题等内容。

网址：https://www.12371.cn/special/xxzd/

10. 中国共产党思想理论资源数据库

中国共产党思想理论资源数据库由人民出版社开发建成，被党政干部和专家学者称为"用科学技术传播中国化马克思主义的重大创新工程"。收录图书分为14个子库,包含15000多册图书、7000多万个知识点。主要特色如下:内容系统,实现了"五个全覆盖"。完整系统地收入了党的思想理论主要著作文献,内容覆盖我国出版的所有马列经典著作、党和国家领导人所有著作、公开发表的所有中央文件文献、国家所有法律法规及党的思想理论领域的所有知识点。查询功能先进,开创了"知识点阅读"的新形式。人民出版社自主研发的语义查询、引文比对、模糊找句等特色网络工具,实现了文献检索方式从传统的篇目、章节检索到知识点检索的飞跃。图书内容权威性强,电子书达到引用标准。图书数字化采用1/30000的差错率标准进行校对,保留纸质图书的原版原式。

网址:http://data.lilun.cn/index_custom.html

11.人民数据

人民数据致力于构建全方位的大数据运营生态系统,通过党和国家和社会数据转换的快捷通道,实现国家全域大数据安全、精准服务于党的"科学执政、数据执政、智慧执政"的新发展理念,使大数据更加便捷、高效地服务于经济社会发展,为各行各业所广泛应用。

全库涵盖中国共产党文献信息库(10万条)、党报资料库(280万条)、中国政府文献信息库(90万条)、两会信息资料库(3万条)、学习资料库(24万条)等,是党政信息数字化建设以来编选最全面、内容最翔实、信息最丰富的党政数字化资源总库。

该平台目前包含17个一级数据库,50多个二级数据库。涉及多个领域的信息资料,既包含珍贵历史数据又动态更新当前最新信息,如《人民日报》图文数据库就包含了自《人民日报》1946年创刊至最近一周的所有图文信息及报纸图形版。人民数据库实行每日/每周/每月/实时更新政策。重要数据库每日更新,如《人民日报》图文数据库和领导人活动报道库;涉及"三会"(每年的两会加上党代会)的数据库则为实时更新。

网址:https://data.people.com.cn/

12. 人民日报图文数据库

《人民日报》数据库由中国共产党中央委员会机关报人民日报社制作,收录了1946年创刊至今的新闻报道,子专题包括国内国际要闻、党建周刊、国内政治、立法与执法、文艺纵横、国际周刊、企业经纬、法律与生活等,提供所有版面及全文数据,可按照日期和关键词查找。

网址:http://paper.people.com.cn/

13.《光明日报》数据库

《光明日报》数据库由光明日报社制作,收录了2008年至今的所有版面及全文数据,还包括《中华读书报》(2021年9月以来)和《文摘报》(2020年12月以来)的全文数据。

网址:https://epaper.gmw.cn/

14.《经济日报》数据库

《经济日报》数据库由经济日报社制作,收录了2021年1月以来的《经济日报》全文数据,可按照日期和关键词查找。

网址:http://paper.ce.cn/pc/layout/

15.《解放军报》数据库

《解放军报》数据库由解放军报社制作,提供1956年1月1日创刊以来的所有版面及全文数据，可按照日期和关键词查找。

网址：http://www.81.cn/szb_223187/szblb

16.《学习时报》数据库

《学习时报》数据库由中央党校（国家行政学院）主管主办的报刊社制作，收录了1999年9月创刊以来的全文数据，可按照日期和关键词查找。

网址：https://paper.cntheory.com/

后　记

　　党的二十届三中全会通过的《中共中央关于进一步全面深化改革、推进中国式现代化的决定》提出："健全常态化培训特别是基本培训机制，强化专业训练和实践锻炼，全面提高干部现代化建设能力。"该决定着眼全局对提高干部现代化建设能力作出重要部署，为进一步做好干部教育培训工作指明方向。

　　百年来，干部教育伴随党历经新民主主义革命、社会主义革命和建设、改革开放和社会主义现代化建设、中国特色社会主义新时代，始终服务于党和国家的中心工作，为党和国家事业的发展作出了重要贡献。根据党的二十届三中全会精神，坚持以习近平新时代中国特色社会主义思想为指导，围绕习近平总书记关于干部教育的重要论述，我们在学术研究的基础上，以文献研究的视角，编撰了《薪火相传——中国共产党干部教育文献研究》一书。书中总结了马克思主义经典作家和中国共产党在各个时期干部教育文献和历史的沿革，梳理了中国共产党干部教育的主要文献内容，力求呈现中国共产党干部教育的文献体系，全面展现中国共产党干部教育文献全貌。

　　本书包括绪论和7章内容，其中：绪论主要阐述了干部教育文献整理与研究的对象、内容、目的、任务及方法；第一章界定了干部教育文献的概念、性质、类型，干部教育文献的搜集、整理，干部教育文献的汇编；第二章主要从历史维度、理论维度、实践维度三个维度探讨了干部教育文献整理与研究的价值与意义；第三章从马克思主义干部教育文献研究视角梳理了马克思主义经典作家以文献载体进行的干部教育实践活动；第四章至第七章梳理了中国共产党干部教育实践历程，分别整理汇编了新民主主义革命时期、社会主义革命和建设时期、改革开放和社会主义现代化建设新时期、中国特色社会主义新时代干部教育的主要文献。本书是分工合作的结果，第一章、第二章、第五章、第六章由中央党校（国家行政学院）图书和文化馆马秀霞同志完成，第三章、第七章由北京市委党校（北京行政学院）图书馆宫怡君同志完成，绪论、第四章以及统稿由中央党校（国家行政学院）图书和文化馆赵婧文同志完成。

我们真诚希望这部著作的撰写和出版，通过对中国共产党干部教育文献的整理和研究，在大历史观视野下对马克思主义干部教育文本的精神内涵的探索，能够帮助大家更加深刻领会马克思主义的理想信念，坚定"四个自信"，同时为强化干部专业训练和实践锻炼，全面提高干部现代化建设能力提供丰沃的文本基础和文献土壤。

当然，我们的整理研究还是初步的，由于时间和水平所限，难免有不足之处，欢迎广大读者批评指正。同时，我们在写作过程中，吸收了多位专家学者的研究成果，由于篇幅所限没有一一标出，在此表示真诚感谢！国家行政学院出版社的同志对本书的编辑、设计、出版付出了大量的心血，在此表示真诚的感谢！

赵婧文

2025 年 2 月